根汉字解析

桂华明 编著

江西高校出版社

图书在版编目(CIP)数据

根汉字解析/桂华明编著. ---南昌:江西高校出版社,2020.8(2022.2 重印)

ISBN 978-7-5493-8242-2

Ⅰ.①根… Ⅱ.①桂… Ⅲ.①汉字—研究 Ⅳ.①H12

中国版本图书馆 CIP 数据核字(2020)第 124960 号

出版发行	江西高校出版社
社　　址	江西省南昌市洪都北大道96号
总编室电话	(0791)88504319
销售电话	(0791)88522516
网　　址	www.juacp.com
印　　刷	天津画中画印刷有限公司
经　　销	全国新华书店
开　　本	890mm×1240mm　1/32
印　　张	8.875
字　　数	100 千字
版　　次	2020 年 8 月第 1 版 2022 年 2 月第 2 次印刷
书　　号	ISBN 978-7-5493-8242-2
定　　价	55.00 元

赣版权登字-07-2020-609

版权所有　侵权必究

图书若有印装问题,请随时向本社印制部(0791-88513257)退换

前　言

近年，隨着中國經濟的快速發展，綜合國力的迅速提高，國際影響力的日益增強，中國人在文化上越來越自信，突出表現在"國學熱"持續升溫。實現中華民族偉大复興的中國夢，不僅是經濟、政治和軍事的復興，更是文化的復興。沒有文化的复興，中國就不能成爲真正意義上的世界強國。

四大文明古國中，除了中國，古巴比倫、古印度、古埃及，都冠以"古"字，那是因爲它們都不存在了，只有中華文明沒有中斷，延綿至今。中華民族的民族精神就是在幾千年的中華文明史中由中華文化滋養壯大的，中國傳統文化是中華民族精神得以形成的主要土壤和環境，而最能代表中國傳統文化的就是漢字。漢字是中國文化的載體，也是中國文化的組成部分。漢字蘊含了中國文化的遺傳基因，最能代表我們祖先的智慧。學習漢字、深刻理解漢字就是探尋中國文化之根。

漢字从伏羲畫卦、倉頡造字開始，經過甲骨文、金文、大篆、小篆、隸書、楷書的字形變化，形體不斷簡化，成爲我們今天使用的文字。《史記》中有："太昊（伏羲）德合上下。天應以鳥獸文（紋）章，地應以龍馬負圖。於是仰觀象於天，俯觀法於地，中觀萬物之宜。始畫八卦，卦有三爻，因而重之，爲六十有四，以通神明之德。作書契以代結繩之政。"伏羲造書契的傳說，説明古代的伏羲氏部落已開始紋文記事和使用表意符号（圖畫文字和圖示文字）記事。

關於倉頡造字的説法，古代許多著述中都有記載。《史記·五帝本紀》中記載，倉頡是黃帝的左史大夫，是他受命創造了文字。《説文解字·序》中記載："黃帝之史倉頡，見鳥獸蹄迒之跡，知分理之可相別異也，初造書契。"歷代研究文字的學者大多認爲，漢字不可能由一个人創造，而是由千百个倉頡式的人物共同完成的。

　　大約是在公元前14世紀即殷商後期，表意符号定型成爲文字。這些用於占卜記事的文字因爲被刻在骨頭上和龜殼上才得以保存下來。直到1899年，它們才被偶然發現，隨後在殷墟中大量發掘，被稱爲甲骨文。甲骨文是漢字的直系祖先。至今爲止發現的甲骨文有五千多種，可以解讀的有兩千多个。甲骨文是商代書寫的俗體，金文才是正體。被刻在青銅的鐘鼎上的文字即"金文"。到了西周後期，漢字發展演變爲大篆。大篆把甲骨文和金文粗細不匀的綫條變得均匀柔和了，同時字形結構趨向整齊，逐漸脱離了圖畫的特徵，奠定了方塊字的基礎。後來，秦朝丞相李斯對當時的文字進行收集整理，並進行刪繁就簡、美化加工，將文字統一。這種統一後的文字被稱爲"小篆"。小篆除了把大篆的形體進行簡化外，綫條化和規範化的程度更高。此時的文字幾乎已經没有圖形的痕跡了，成爲整齊、和諧、美觀的方塊字體。但是"小篆"書寫過於規範，導致書寫速度很慢，所以幾乎同時產生了形體向兩邊撑開成爲扁方形的便於書寫的隸書。這種字體的特點是變"小篆"的圓爲方，改"小篆"的曲爲直，並分出了一些偏旁部首，被稱之爲"秦隸"。至漢代，隸書發展到了成熟的階段，字的易讀性和書寫速度都大大提高，稱之爲"漢隸"。"漢隸"流行的同時，"楷書"開始萌芽。到魏晉南北朝時期，"楷書"已經很盛行，晉代的王羲之、王獻之父子是楷書真正的創始人。楷書同時吸取了篆書圓轉的筆畫，也保留了隸書的方正平直，去掉了"蠶頭燕尾"。使漢字的結構大體固定下來。當時，這種字體被稱作"真書"。後人以這種字體作爲學習書法的楷模，所以又稱這種字體爲"楷書"。"楷書"一直沿用至今。

中華人民共和國成立後，大陸推行了簡化幅度很大的簡化字，這種簡化的漢字減輕了人們識記、書寫漢字的負擔，提高了閱讀、書寫的效率，有積極意義。但簡化也破壞了漢字的表意性，切斷了一些漢字的根，使我們漸漸模糊了這些漢字的本源和本義，把這些漢字變成了生硬的形、音、意的對應，比如"罗"簡化之前寫作"羅"，是會意字，上面的"罒"本是"网"字；"糹"說明网是絲做的；"隹"是短尾鳥。三字會合在一起，表示小鳥被絲网罩住。簡化後的"罗"字已無法通過字形領會字義。

現在人們想要了解漢字字形和字義的聯系一般是查閱《説文解字》。《説文解字》是中國漢字史上第一部分析字形、辨識聲讀、解説字義的字典，收字9353個，重字（即異體字）1163個，共10506字，按540個部首排列，開創了部首檢字的先河。作者是東漢的經學家、文字學家許慎。許慎在《説文解字》中提出了象形、指事、會意、形聲、轉注、假借的"六書"學説，以六書進行字形分析，較系統地建立了分析文字的理論，同時保存了大部分先秦字體和漢代的文字訓詁，反映了上古漢語詞汇的面貌。

許慎在編著《説文解字》時沒有見過甲骨文，主要根據小篆的字形分析字義，對於部分漢字難免解釋錯誤或解説不清。筆者在《説文解字》的基礎上，把現代常用漢字中最基礎的470個漢字（筆者稱之爲根漢字）分爲18類，根據甲骨文或金文的字形逐一進行分析。得出的結論，有的和《説文解字》根據篆字的字形分析得出的結論相同，有的和《説文解字》的結論不同。爲了客觀起見，把兩種解説並列在一起，由讀者自行判斷哪種解釋更合理。又在作爲意符的根漢字下列舉了相關的指事、會意、形聲、轉注、假借方法產生的漢字，努力從造字源頭對每个常用漢字進行歸類，並解釋其本義。希望此書能對一綫語文教師有所裨益，對漢字研究愛好者有所啟發。一孔之見，錯漏難免，敬請廣大讀者朋友多提寶貴意見。

桂华明

2018 年 12 月

檢字表

一、人體類漢字

1. 人		依	3	**6. 了**		昏	9
仁	1	伴	3	**7. 元**		**16. 氏**	
保	1	做	3	**8. 允**		低	9
企	1	傅	3	**9. 七**		羝	9
休	1	倘	3	化	6	**17. 夷**	
仰	1	儀(仪)	3	**10. 匕**		**18. 夭**	
危	1	僅(仅)	3	匙	6	笑	10
俗	1	優(优)	3	頃(顷)	6	喬(乔)	10
但	1	傷(伤)	3	妣	6	**19. 交**	
佛	2	偽(伪)	3	**11. 大**		**20. 因**	
佳	2	償(偿)	3	奄	7	**21. 夫**	
儒	2	**2. 勹**		疒	7	**22. 久**	
何	2	甸	3	太	7	**23. 從(从)**	
信	2	匈	3	夸	7	**24. 比**	
便	2	勻	4	奎	7	皆	11
重	2	**3. 包**		央	7	**25. 北**	
堯(尧)	2	**4. 兒(儿)**		爽	7	**26. 衆(众)**	
代	2	兄	4	奕	7	聚	12
借	2	充	4	乘	7	**27. 身**	
禿	2	**5. 子**		夯	7	躬	12
仇	2	孩	4	奢	8	軀(躯)	12
俺	2	孔	5	夾(夹)	8	躲	12
他	2	孟	5	**12. 去**		躺	12
似	2	妙	5	**13. 且**		**28. 民**	
佚	2	乳	5	助	8	岷	13
伯	2	孕	5	**14. 卵**		**29. 臣**	
例	3	孫(孙)	5	**15. 氏**		臧	13

1

臥(卧)	13	婪	16	尿	20	恰	24
臨(临)	14	嫌	16	屁	20	忖	24
30. 女		嫩	16	屋	20	快	24
奴	14	妝(妆)	16	屏	20	怯	24
妥	14	嬰(婴)	16	層(层)	21	性	24
好	14	媽(妈)	16	**41. 長(长)**		情	24
孬	14	婦(妇)	16	肆	21	愉	24
妾	14	**31. 要**		套	21	慕	24
妻	14	**32. 也**		**42. 老**		哲	24
姜	14	**33. 后**		壽(寿)	21	懷(怀)	24
如	14	**34. 育**		考	21	憐(怜)	24
始	14	**35. 司**		**43. 孝**		**48. 憂(忧)**	
偷	14	**36. 立**		**44. 亦**		**49. 骨**	
姓	15	站	18	**45. 亢**		體(体)	25
委	15	位	18	**46. 囟**		滑	25
奸	15	端	18	**47. 心**		骼	25
姦	15	竣	18	思	23	骸	25
佞	15	竦	18	惑	23	**50. 歹**	
姻	15	竭	18	念	23	死	25
婢	15	**37. 並(并)**		意	23	殄	25
威	15	**38. 無(无)**		想	23	朽	25
娜	15	**39. 士**		恩	23	殃	25
妄	15	壯(壮)	19	急	23	殊	25
妃	15	**40. 屍(尸)**		意	23	列	25
妖	15	尼	20	志	23	斃(毙)	25
妒	15	居	20	慮(虑)	23	殲(歼)	25
姐	15	尺	20	感	23	**51. 肉**	
姿	16	局	20	忒	23	肖	26
娃	16	屆	20	忽	23	肴	26
娛(娱)	16	展	20	恐	23	肩	26
娟	16	屠	20	羞	24	胃	26
娘	16	屎	20	恬	24	肯	26

2

胡	26	背	27	臉(脸)	27	58. 克	
够	26	肋	27	腳(脚)	27	59. 文	
股	26	胎	27	52. 亡		彥	30
肯	26	脫	27	53. 母		斐	30
肓	26	炙	27	54. 每		斑	30
肺	26	隋	27	繁	28	吝	30
肥	26	宜	27	55. 毋			
胖	26	膚(肤)	27	56. 呂			
脊	26	勝(胜)	27	57. 弟			

二、五官類漢字

60. 頁(页)		63. 貌		鼻	35	職(职)	36
頌(颂)	31	64. 色		息	35	70. 聽(听)	
顯(显)	31	艷(艳)	33	臭	35	71. 目	
頭(头)	31	65. 而		嗅	35	盲	37
頗(颇)	31	耐	33	咱	35	眼	37
順(顺)	31	耍	33	69. 耳		直	37
題(题)	31	66. 彡		耷	35	相	37
頸(颈)	31	須(须)	34	取	35	省	37
碩(硕)	31	彩	34	聊	35	看	37
頓(顿)	31	影	34	耿	35	盼	37
顏(颜)	31	形	34	聘	35	睹	37
領(领)	31	修	34	聶(聂)	35	督	37
頰(颊)	32	彰	34	聾(聋)	36	睡	37
項(项)	32	弱	34	聲(声)	36	眷	37
顧(顾)	32	67. 髟		聖(圣)	36	72. 眉	
願(愿)	32	髮(发)	34	聞(闻)	36	73. 瞿	
61. 首		髻	34	恥(耻)	36	74. 艮	
62. 面		鬐	34	聯(联)	36	很	38
靨(靥)	32	68. 自		聰(聪)	36	狠	38

3

恨	38	規(规)	38	覽(览)	39	76. 望	
75. 見(见)		覺(觉)	39	觀(观)	39		
視(视)	38	親(亲)	39	覘(觇)	39		

三、口動類漢字

77. 口		吃	41	哥	44	討(讨)	48
叫	40	味	41	歌	44	論(论)	48
叨	40	啻	41	84. 舌		詳(详)	48
另	40	售	41	甜	44	證(证)	48
吐	40	咄	42	舐	44	計(计)	48
吮	40	呼	42	85. 告		訛(讹)	48
吊	40	咨	42	86. 曰		許(许)	48
呐	40	喝	42	曷	45	諸(诸)	48
吟	40	吳(吴)	42	曹	45	護(护)	48
嘴	40	嘆(叹)	42	皆	45	謳(讴)	48
唇	40	問(问)	42	替	45	諱(讳)	48
含	40	訊(讯)	42	87. 同		講(讲)	48
和	40	嚚(嚚)	42	88. 哭		記(记)	48
呈	40	罵(骂)	42	89. 喪(丧)		訓(训)	48
唐	41	嚴(严)	42	90. 僉(佥)		訌(讧)	48
吞	41	78. 兌		91. 乃		設(设)	49
台	41	悅	42	92. 亏		識(识)	49
吾	41	說(说)	43	吁	47	訴(诉)	49
哉	41	79. 古		93. 兮		該(该)	49
知	41	80. 今		乎	47	詩(诗)	49
召	41	81. 合		94. 號(号)		語(语)	49
呆	41	82. 只		95. 平		誠(诚)	49
哀	41	83. 可		96. 言		談(谈)	49
唯	41	奇	44	讓(让)	48	請(请)	49
哨	41	叵	44	誰(谁)	48	讀(读)	49

4

膳(膳)	49	旬	50	98. 甘		欲	52
課(课)	49	信	50	甚	51	欺	52
戀	49	97. 音		99. 旨		吹	52
諫(谏)	49	章	50	嘗(尝)	51	款	52
詹	49	竟	50	100. 牙		歇	52
誓	49	韶	50	101. 齒(齿)		次	52
警	50	響(响)	50	102. 欠		歐(欧)	52
譽(誉)	50	韻(韵)	50	欣	52	歡(欢)	52

四、手動類漢字

103. 手		拙	54	夬	55	爺(爷)	58
拜	53	把	54	及	56	爹	58
掌	53	拉	54	叟	56	112. 反	
拳	53	操	54	度	56	叛	59
拿	53	括	54	隶	56	返	59
掰	53	拔	54	服	56	113. 有	
摩	53	指	54	曼	56	114. 史	
攀	53	掠	54	獲(获)	56	吏	59
擊(击)	53	捌	54	105. 對(对)		事	59
舉(举)	53	措	55	106. 尤		使	59
摯(挚)	53	技	55	107. 叔		115. 尹	
求	53	抽	55	108. 臣又		君	60
失	53	排	55	賢(贤)	57	伊	60
折	54	損(损)	55	堅(坚)	57	116. 聿	
拆	54	報(报)	55	豎(竖)	57	肅(肃)	60
抓	54	104. 又		緊(紧)	57	書(书)	60
打	54	術(术)	55	109. 左		筆(笔)	60
投	54	右	55	110. 卑		畫(画)	60
持	54	叉	55	婢	58	律	60
提	54	友	55	111. 父		117. 寸	

5

封	61	敏	63	受	64	奉	67
付	61	叙	63	奭	65	承	67
寺	61	敢	63	爭(争)	65	丞	67
尉	61	散	63	亂(乱)	65	泰	67
尋(寻)	61	整	63	覓(觅)	65	奏	67
奪(夺)	61	政	63	**122. 孔**		棄(弃)	67
導(导)	61	教	63	巩	65	**125. 若**	
118. 專(专)		毀	63	筑	65	**126. 舁**	
轉(转)	62	敲	63	執(执)	65	與(与)	68
傳(传)	62	敵(敌)	64	藝(艺)	66	興(兴)	68
119. 攴		殼(壳)	64	**123. 鬥(斗)**		**127. 共**	
寇	62	變(变)	64	鬧(闹)	66	巷	68
更	62	敗(败)	64	**124. 廾**		糞(粪)	68
改	62	數(数)	64	尊	66	**128. 畀**	
敬	62	**120. 丈**		具	66	**129. 異(异)**	
收	63	仗	64	契	66	**130. 予**	
效	63	**121. 爪**		樊	66	幻	69
攸	63	采	64	戒	67	舒	69

五、足動類漢字

131. 止		**134. 舛**		圍(围)	73	**141. 是**	
歷(历)	70	舞	71	**138. 足**		**142. 夊、夂**	
逐	70	桀	72	跟	73	各	74
歧	70	傑(杰)	72	跌	73	夏	74
追	70	**135. 出**		路	73	復	75
132. 步		敖	72	踐(践)	73	降	75
涉	70	**136. 此**		建	73	隆	75
陟	71	些	72	**139. 疋**		夋	75
133. 之		**137. 韋(韦)**		疏	74	愛(爱)	75
匠、币	71	韜(韬)	73	**140. 正**		**143. 彳**	
先	71	韌(韧)	73	乏	74	徒	75

6

徙	75	衡	77	近	78	過(过)	79
得	75	衞	77	迎	78	這(这)	79
往	76	疑	77	巡	78	進(进)	79
徐	76	衛(卫)	77	述	79	跡(迹)	79
彼	76	**145. 德**		迫	79	遠(远)	79
征	76	**146. 走**		迷	79	運(运)	79
微	76	起	78	逝	79	還(还)	80
徵	76	超	78	逼	79	遲(迟)	80
待	76	趕(赶)	78	遇	79	邊(边)	80
御	76	趨(趋)	78	逢	79	**148. 奔**	
循	76	趙(赵)	78	連(连)	79	**149. 夂**	
後(后)	76	**147. 辵**		選(选)	79	延	80
144. 行		追	78	遼(辽)	79	廷	80
道	77	逆	78	達(达)	79	建	80
街	77	通	78	邁(迈)	79		

六、卜祀類漢字

150. 卜		祖	83	蔡	84	魅	86
貞(贞)	81	宗	83	察	84	醜(丑)	86
占	81	祝	83	**158. 齋(斋)**		**163. 畏**	
真	81	咒	83	**159. 享**		**164. 豆**	
卦	81	福	84	亨	85	豐(丰)	87
151. 巫		社	84	孰	85	禮(礼)	87
152. 爻		禁	84	熟	85	登	87
153. 凶		禍(祸)	84	**160. 奠**		**165. 戲(戏)**	
154. 吉		崇	84	**161. 帝**		**166. 血**	
155. 兆		禪(禅)	84	**162. 鬼**			
156. 示		靈(灵)	84	魂	86		
祀	83	**157. 祭**		魄	86		

7

七、戰爭類漢字

167. 干		割	92	弘	94	投	99
168. 單(单)		別	92	弩	95	毅	99
169. 戈		刻	92	弛	95	段	99
找	89	削	92	張(张)	95	役	100
戍	90	副	92	發(发)	95	殷	100
或	90	剩	92	彎(弯)	95	毆(殴)	100
伐	90	刖	92	彈(弹)	95	187. 殺(杀)	
何	90	利	92	176. 矢		煞	100
武	90	券	92	躲(射)	95	弑	100
戎	90	劇(剧)	92	備(备)	95	188. 壴	
截	90	創(创)	92	函	95	嘉	100
戛	90	劉(刘)	92	矣	96	彭	100
戕	90	剛(刚)	93	短	96	喜	100
戔(戋)	90	劃(划)	93	侯	96	賁(贲)	101
賊(贼)	90	173. 斤		矮	96	凱(凯)	101
170. 弋		斧	93	177. 至		189. 豈(岂)	
式	91	折	93	致	96	190. 鼓	
殘(戋)	91	斯	93	到	96	191. 勿	
171. 戰(战)		所	93	臻	96	匆	102
172. 刀		新	93	178. 矛		192. 㫃	
刁		斬(斩)	93	矜	97	旌	102
刃	91	斷(断)	93	179. 盾		旗	102
罰(罚)	91	174. 方		180. 厥		斿(遊)	102
列	91	旁	94	181. 介		游	102
刑	91	放	94	182. 王		旅	103
制	92	於(于)	94	183. 皇		族	103
判	92	175. 弓		184. 我		施	103
韧	92	引	94	185. 兵		旋	103
刊	92	弦	94	186. 殳		193. 卩	

令	103	庫(库)	104	轄(辖)	105	較(较)	105
命	103	載(载)	105	軟(软)	105	轎(轿)	106
印	103	軍(军)	105	軼(轶)	105	輔(辅)	106
卸	104	軒(轩)	105	輿(舆)	105	輗(轫)	106
194. 中		軌(轨)	105	軋(轧)	105		
195. 車(车)		輩(辈)	105	輪(轮)	105		
轟(轰)	104	輸(输)	105	輕(轻)	105		

八、飲食類漢字

196. 皀		穎(颖)	109	稅	110	粥	113
即	107	稱(称)	109	秒	111	粟	113
既	107	穡(穑)	109	耗	111	粒	113
卿	107	種(种)	109	201. 齊(齐)		粹	113
197. 食		稼	109	202. 年		粜	113
養(养)	107	秩	109	203. 黍		糧(粮)	114
飯(饭)	107	稚	109	黎	112	207. 來(来)	
餅(饼)	107	稗	109	黏	112	208. 麥(麦)	
館(馆)	107	穆	109	204. 香		209. 瓜	
飼(饲)	108	季	109	205. 白		瓠	115
餒(馁)	108	稷	110	皂	112	210. 周	
饑(饥)	108	秦	110	皓	113	211. 倉(仓)	
餓(饿)	108	秋	110	皙	113	212. 廩	
餐	108	私	110	皚	113	213. 嗇(啬)	
秣	108	秀	110	皖	113	214. 井	
198. 厭(厌)		秉	110	皈	113	215. 錄(录)	
199. 飲(饮)		兼	110	206. 米		216. 鹵(卤)	
200. 禾		移	110	稻	113	鹽(盐)	117
穀(谷)	109	程	110	粗	113		
積(积)	109	租	110	精	113		

九、穿戴類漢字

217. 衣		冕	120	徽	123	組(组)	125	
衫	118	最	121	綫(线)	123	細(细)	125	
初	118	**221. 巾**		繩(绳)	123	紹(绍)	125	
裨	118	帛	121	經(经)	123	給(给)	125	
卒	118	佩	121	糾(纠)	123	繪(绘)	125	
表	118	希	121	結(结)	123	綏(绥)	125	
裴	118	布	121	統(统)	123	緒(绪)	125	
衰	118	市	121	續(续)	123	續(续)	125	
袁	119	帶(带)	121	總(总)	123	維(维)	125	
裹	119	常	121	純(纯)	124	緣(缘)	125	
被	119	帙	121	紅(红)	124	**225. 絲(丝)**		
襲(袭)	119	帆	121	綠(绿)	124	茲(兹)	126	
裝(装)	119	帖	121	終(终)	124	樂(乐)	126	
補(补)	119	幅	122	絕(绝)	124	**226. 系**		
襲(袭)	119	幕	122	綴(缀)	124	縣(县)	126	
雜(杂)	119	幣(币)	122	紳(绅)	124	**227. 率**		
218. 乍		帥(帅)	122	繼(继)	124	**228. 爾(尔)**		
作	119	帳(帐)	122	約(约)	124	你	127	
219. 冖		**222. 幺**		纖(纤)	124	**229. 革**		
幂	120	幼	122	級(级)	124	勒	127	
蒙	120	幾(几)	122	紀(纪)	125	靳	128	
冥	120	麼(么)	122	納(纳)	125	鞘	128	
220. 冒		**223. 玄**		綱(纲)	125	鞭	128	
冒	120	**224. 糸**		紛(纷)	125	**230. 皮**		
冠	120	索		紐(纽)	125	皺(皱)	128	
免	120	累	123	練(练)	125	皴	128	

十、邑居類漢字

231. 宀		塞	131	圖	134	247. 門(门)	
宅	129	寡	131	238. 邑		門(门)	139
家	129	賓(宾)	131	那	135	悶(闷)	139
冢	129	寬(宽)	132	郎	135	聞(闻)	139
向	129	審(审)	132	都	135	閉(闭)	139
字	129	憲(宪)	132	巷	135	開(开)	139
安	130	寵(宠)	132	祁	135	關(关)	139
官	130	232. 造		郊	135	閑(闲)	139
宦	130	233. 舍		部	135	閱(阅)	140
守	130	234. 余		鄉(乡)	135	閃(闪)	140
客	130	235. 穴		邨(村)	135	闖(闯)	140
宿	130	突	133	郵(邮)	135	閔(闵)	140
完	130	空	133	鄰(邻)	135	閨(闺)	140
害	130	穿	133	239. 郭		248. 戶	
宇	130	究	133	城	136	房	140
宴	130	簾(帘)	133	壞(坏)	136	扇	140
定	130	窮(穷)	133	240. 邦		扁	140
宮	130	竇(窦)	133	241. 圖(图)		扉	140
宋	131	236. 寫(写)		242. 冂		啟(启)	140
寒	131	237. 囗		市	137	249. 囱	
冗	131	國(国)	134	243. 京		窗	141
宣	131	園(园)	134	就	137	250. 厂	
室	131	團(团)	134	244. 高		岸	141
府	131	圓(圆)	134	亮	138	厚	141
灶	131	囚	134	亭	138	仄	141
宏	131	回	134	臺(台)	138	厲(厉)	141
容	131	固	134	245. 良		251. 广	
寄	131	因	134	246. 亞(亚)		斥	142
富	131	圈	134	惡(恶)	139	庖	142

11

底	142	康	142	廬(庐)	142	256. 上	
庇	142	廢(废)	142	252. 學(学)		257. 下	
庶	142	廚(厨)	142	253. 寧(宁)			
廉	142	廟(庙)	142	254. 里			
序	142	龐(庞)	142	255. 野			

十一、器用類漢字

258. 品		勞(劳)	148	盤(盘)	150	舀	153
器	145	動(动)	148	盍	150	277. 爵	
區(区)	145	務(务)	148	盥	150	278. 壺(壶)	
259. 串		勸(劝)	148	盧(卢)	150	279. 琴	
260. 以(㠯)		辦(办)	148	盡(尽)	150	280. 床	
261. 用		勝(胜)	148	盜(盗)	151	牆(墙)	154
庸	146	267. 男		蠱(蛊)	151	將(将)	154
甫	146	甥	148	監(监)	151	281. 广	
262. 工		舅	148	273. 丸		疾	154
巨	146	虜(虏)	148	274. 瓦		病	154
任	146	268. 厽		瓷		疲	154
263. 互		269. 其		甄	151	疫	154
264. 會(会)		箕	149	瓮	151	痛	155
265. 耒		簸	149	275. 缶		瘟	155
耕	147	270. 彗		缺	152	痣	155
耘	147	271. 帚		釜	152	痹	155
266. 力		掃(扫)	149	缸	152	282. 席	
功	147	歸(归)	150	罄	152	283. 冊(册)	
劣	147	272. 皿		瓶	152	典	155
勇	147	益	150	276. 臼		刪	155
加	148	盆	150	舂	152	284. 侖(仑)	
劫	148	溫(温)	150	陷	153	285. 網(网)	
勤	148	盛	150	舂	153	署	156

12

罕	156	朕	158	293. 主		融	162	
罹	156	289. 前		294. 斗		鬻	162	
罪	156	290. 俞		科	161	徹(彻)	163	
置	156	291. 匚		料	161	301. 小		
羅(罗)	156	匿	159	斜	161	少	163	
罷(罢)	157	匡	159	斟	161	尕	163	
286. 卓		匹	159	295. 升		尖	163	
單	157	医	159	296. 勺		302. 商		
287. 畢(毕)		匠	159	297. 几		303. 厄		
288. 舟		匭	159	凭	161	304. 夲 幸		
船	158	匣	159	298. 入		围	164	
舶	158	匪	159	内	162	報(报)	164	
般	158	匯(汇)	160	299. 曾		執(执)	164	
航	158	292. 曲		300. 鬲		305. 業(业)		

十二、財寶類漢字

306. 金		銘(铭)	167	責(责)	168	贏(赢)	169	
錢(钱)	166	鍋(锅)	167	債(债)	168	賴(赖)	169	
錯(错)	166	鋒(锋)	167	買(买)	169	賄(贿)	169	
銳(锐)	166	鑒(鉴)	167	賣(卖)	169	貶(贬)	169	
針(针)	166	錐(锥)	167	貴(贵)	169	貽(贻)	170	
鎮(镇)	166	鏡(镜)	167	貪(贪)	169	賞(赏)	170	
鈔(钞)	166	燈(灯)	167	員(员)	169	贊(赞)	170	
釗(钊)	167	銜(衔)	168	質(质)	169	朋	170	
鈎(钩)	166	307. 貝(贝)		貧(贫)	169	308. 冊		
鑽(钻)	167	財(财)	168	費(费)	169	貫(贯)	170	
鐵(铁)	167	賬(账)	168	賀(贺)	169	實(实)	170	
鉛(铅)	167	貨(货)	168	賈(贾)	169	309. 鼎		
銅(铜)	167	貿(贸)	168	賤(贱)	169	則(则)	170	
銀(银)	167	負(负)	168	賦(赋)	169	勛(勋)	171	

13

敗(败)	171	珍	172	琪	172	311. 寶(宝)	
310. 玉		理	172	琦	172	312. 圭	
全	171	瑞	172	琢	172	313. 珏	
璧	171	球	172	琛	172	班	173
玩	172	玷	172	現(现)	172		
弄	172	玲	172	環(环)	172		

十三、動物類漢字

314. 鳥(鸟)		隻(只)	176	327. 尾		牧	182
鳩(鸠)	174	雙(双)	176	屈	180	牲	182
鴿(鸽)	174	難(难)	176	屬(属)	180	物	182
鶴(鹤)	174	雛(雏)	177	328. 羽		特	183
鴇(鸨)	174	鷹(鹰)	177	翔	180	牽(牵)	183
鳴(鸣)	174	應(应)	177	翁	180	件	183
鴻(鸿)	174	318. 焉		翟	180	犄	183
鳬(凫)	174	319. 禽		翰	180	犢(犊)	183
鷔(鹜)	174	320. 奮(奋)		翅	180	333. 羊	
梟(枭)	174	321. 舊(旧)		翻	180	乖	183
315. 鳳(凤)		322. 風(风)		翼	180	羌	183
316. 烏(乌)		飄(飘)	178	翠	180	美	183
317. 隹		颯(飒)	178	羋	181	羔	183
雀	176	323. 非		翹(翘)	181	群	184
隼	176	靠	179	329. 習(习)		羞	184
雋	176	324. 飛(飞)		330. 西		善	184
雉	176	325. 孔		331. 巢		義(义)	184
雇	176	迅	179	332. 牛		334. 角	
集	176	326. 毛		牟	182	解	184
雄	176	毫	179	牢	182	衡	184
截	176	毯	179	牝	182	觸(触)	184
雁	176	氈(毡)	179	牡	182	335. 豕	

豕	185	吠	187	342. 鹿		蠹	192
豪	185	猝	187	麗(丽)	189	蠻(蛮)	192
豬(猪)	185	倏	187	慶(庆)	190	蟬(蝉)	193
毚	185	伏	187	麋	190	閩(闽)	193
豚	185	犯	187	343. 禺		350. 蠶(蚕)	
豪	185	猥	187	愚	190	351. 巴	
336. 馬(马)		狂	187	344. 兔		352. 雖(虽)	
駒(驹)	185	猛	187	冤	190	353. 它	
驟(骡)	185	戾	187	345. 鼠		蛇	194
駁(驳)	185	狄	187	竄	190	354. 豸	
馭(驭)	185	猶(犹)	187	鼬	190	貓(猫)	194
駕(驾)	185	獨(独)	187	346. 能		豹	194
騎(骑)	186	獄(狱)	188	熊	191	豺	194
馳(驰)	186	類(类)	188	態(态)	191	355. 易	
驟(骤)	186	獎(奖)	188	347. 獸(兽)		356. 魚(鱼)	
騁(骋)	186	狀(状)	188	348. 番		鯉(鲤)	195
驕(骄)	186	獵(猎)	188	349. 蟲(虫)		鰥(鳏)	195
驚(惊)	186	338. 苟		蛆	192	魯(鲁)	195
驢(驴)	186	339. 象		蜇	192	漁(渔)	195
馮(冯)	186	340. 爲(为)		螫(蛰)	192	鮮(鲜)	195
篤(笃)	186	341. 虍		蛋	192	357. 龍(龙)	
騙(骗)	186	虎	189	蜀	192	龔(龚)	196
騷(骚)	186	彪	189	虹	192	恭	196
驗(验)	186	虐	189	蚤	192	358. 龜(龟)	
337. 犬		虔	189	强	192		
狗	187	虞	189	蜡	192		

十四、植物類漢字

359. 屮		芻(刍)	197	360. 屯		362. 艸	
卉	197	毒	197	361. 春		草	198

芽	198	365. 葉(叶)		析	203	374. 麻	
菜	198	366. 者		果	203	375. 片	
英	198	367. 竹		李	203	版	207
芹	198	節(节)	201	榮(荣)	203	牘(牍)	207
茶	198	簡(简)	201	松	203	牌	207
苦	198	第	201	朱	203	376. 束	
葩	198	等	201	末	203	377. 東	
蓋(盖)	198	算	201	本	203	刺	207
董	199	管	201	梁	204	棗(枣)	207
葛	199	笨	201	奈	204	策	207
答	199	箸	201	校	204	378. 才	
茄	199	着	201	檢(检)	204	在	208
艾	199	著	201	板	204	存	208
落	199	個(个)	201	杏	204	379. 句	
蓺	199	368. 支		棉	204	勾	208
荒	199	369. 木		橫(横)	204	鉤(钩)	208
藥(药)	199	杜	202	標(标)	204	380. 生	
薦(荐)	199	杞	202	樹(树)	204	產(产)	209
莊(庄)	199	楊(杨)	202	條(条)	205	丰	209
蘭(兰)	199	桂	202	棲(栖)	205	381. 耑	
蘇(苏)	199	枝	202	樣(样)	205	382. 不	
穢(秽)	199	柾	202	370. 林		杯	209
363. 艸		札	202	楚	205	否	209
莽	200	朽	203	森	205	383. 巫	
草	200	杳	203	梵	205	差	210
莫	200	查	203	彬	205	素	210
萠	200	某	203	371. 朵		384. 芎(花)	
葬	200	柔	203	372. 東(东)		385. 華(华)	
364. 叢(丛)		楞	203	373. 南			

十五、天象類漢字

386. 天		388. 昔		震	217	焚	220
昊	211	389. 晉(晋)		雯	217	炭	220
387. 日		390. 旦		霞	217	冶	220
暗	211	391. 早		露	217	票	220
昌	211	卓	214	霏	217	烈	220
旺	211	392. 晶		霖	217	煎	220
昕	211	星	214	399. 雪		烹	220
普	211	參(参)	214	400. 雲(云)		輝(辉)	220
景	211	393. 月		401. 需		熒(荧)	220
暴	211	期	215	402. 氣(气)		煩(烦)	220
暑	211	夙	215	乞	219	熱(热)	220
晦	212	朔	215	氛	219	煙(烟)	220
晚	212	朗	215	氧	219	燒(烧)	221
旭	212	朝	215	403. 火		災(灾)	221
映	212	霸	215	灰	219	404. 囧	
昆	212	394. 明		炊	219	405. 光	
旳	212	395. 夕		焰	219	晃	221
昂	212	名	216	灸	219	406. 黃(黄)	
杲	212	夜	216	炬	219	407. 赤	
旱	212	外	216	炒	219	赫	222
昧	212	夢(梦)	216	炸	219	408. 黑	
昨	212	396. 多		焦	219	黯	222
晌	212	397. 歲(岁)		炎	220	熏	222
曉(晓)	212	398. 雨		然	220	默	222
曠(旷)	212	電(电)	217	烝	220	墨	222
時(时)	212	零	217	煦	220	點(点)	222
暈(晕)	212	雷	217	炯	220	黨(党)	222
疊(叠)	213	霜	217	照	220		

17

十六、地理類漢字

409. 土		**410. 堇**		幽	227	隊(队)	230
培	223	漢(汉)	225	峙	227	墜(坠)	230
堂	223	艱(艰)	225	峭	227	險(险)	230
坎	223	**411. 坤**		崛	227	陸(陆)	230
塊(块)	223	**412. 地**		巒(峦)	227	**418. 陰(阴)**	
均	223	**413. 田**		嶺(岭)	227	**419. 陽(阳)**	
垢	223	畜	225	峽(峡)	227	**420. 岡(冈)**	
墓	223	畔	226	峯(峰)	227	崗(岗)	231
坐	223	界	226	**415. 丘**		**421. 石**	
垣	223	苗	226	虛(虚)	228	磊	231
堤	223	由	226	岳	228	破	231
埃	223	留	226	**416. 自**		研	231
基	223	略	226	師(师)	228	碑	231
垂	224	疆	226	堆	228	碧	231
圾	224	畦	226	**417. 阜**		硬	231
址	224	畸	226	阿	229	碎	231
坦	224	疇(畴)	226	陵	229	礎(础)	232
坡	224	當(当)	226	際(际)	229	確(确)	232
堡	224	畮(亩)	226	除	229	**422. 丹**	
型	224	**414. 山**		限	229	彤	232
堵	224	岱	227	陶	229	**423. 青**	
填	224	崇	227	阮	230	靜(静)	232
堪	224	魏	227	防	230	**424. 水**	
增	224	岑	227	阻	230	江	233
壓(压)	224	崔	227	陋	230	海	233
場(场)	224	岔	227	陡	230	油	233
壇(坛)	224	岩	227	隱(隐)	230	沒	233
墊(垫)	224	崩	227	陳(陈)	230	沉	233
墳(坟)	224	島(岛)	227	陣(阵)	230	沈	233

18

泳	233	濁(浊)	234	湯(汤)	235	侃	237
演	233	淨(净)	234	潔(洁)	235	亢	237
浴	233	涼(凉)	234	灑(洒)	235	428.州	
治	233	沖(冲)	234	準(准)	235	429.滅(灭)	
漏	233	決(决)	234	425.仌		430.泉	
浮	233	滯	234	冰	236	原	238
滔	233	染	234	冷	236	源	238
沃	233	法	234	凋	236	431.谷	
汰	233	涂	234	凌	236	卻(却)	239
泣	233	湊(凑)	235	凍(冻)	236	豁	239
津	233	衍	235	426.冬		432.永	
活	233	減(减)	235	終(终)	236	脉	239
流	234	沙	235	427.川		派	239
涸	234	漠	235	巡	237		
溺	234	滚	235	邕	237		
潘	234	潑(泼)	235	巠	237		

十七、數字類漢字

433.一		伍	241	介	242	什	244
434.二		438.六		半	242	博	244
凡	240	439.七		441.柬		協(协)	244
亘	240	切	242	揀(拣)	243	445.百	
丞	240	柒	242	442.必		陌	244
竺	240	440.八		443.九		446.千	
435.三		分	242	究	243	阡	244
436.四		尚	242	444.十		447.萬(万)	
437.五		公	242	世	244		

19

十八、干支類漢字

448. 甲		辜	249	**463.** 農(农)		配	255
旬	246	辟	249	**464.** 巳		醉	255
449. 乙		辣	249	已	253	酷	255
亂(乱)	246	辭(辞)	249	了	253	釀(酿)	255
乾	246	競(竞)	249	**465.** 午		醒	255
450. 丙		**456.** 壬		杵	253	酸	255
451. 丁		重	250	**466.** 未		酒	255
452. 戊		量	250	**467.** 申		醋	255
戍	247	**457.** 癸		神	254	酣	255
453. 己		**458.** 子		奄	254	醜(丑)	255
454. 庚		**459.** 丑		曳	254	釁(衅)	255
455. 辛		**460.** 寅				鄭(郑)	255
宰	249	**461.** 卯		**468.** 酉			
童	249	**462.** 辰		酋	254	**469.** 戌	
薛	249	辱	252	酌	255	咸	256
				奠	255	**470.** 亥	

20

一、人體類漢字

1. 人 ㄟ

《說文》:"天地之性最貴者也。象臂脛之形。"譯:天地間品性最高貴的生物。字形象垂着手臂、挺着腿脛的人形。

甲骨文 ㄅ 一人側面之形。先秦古籍中指貴族,如"國人"即指國都中的貴族。作偏旁時在左爲"亻",在上爲"人"或"勹"。

人(ㄟ)指男子,字形面向左;匕(ㄑ)爲女子,字形面向右。"男左女右"之說就源於此。例字:

仁 甲骨文 仁 从人从二。本義對人親善。

保 甲骨文 ㄡ 人抱幼子之形。本義保護、保全。

企 甲骨文 ㄖ 从人从止。人蹺起腳直立之意。《說文》:"舉踵也。"這是一種渴求得到某種東西的姿態,如企求、企望等。企業即站立起來的事業。

休 甲骨文 ㄡ 人依木。本義歇息,引申爲停止。

仰 甲骨文 ㄥ 本作卬,左邊一個傲立的人,右邊一个跪着的人。本義抬頭仰望,後又加"亻"旁。

危 金文 ㄕ 一人在高崖之上而感到恐懼。本義高、險。

俗 甲骨文 俗 从人谷聲。本義習俗。

但 甲骨文 ㄖ 从人旦聲。袒的本字,袒露上身。

佛 金文𰃻 从人弗聲。本義看不清楚。

佳 甲骨文𰀬 从人圭聲。本義人的樣子美。

儒 甲骨文𰀭 从人需聲。本義柔弱。借指術士。

何 甲骨文𩵋 人肩扛鋤頭之形。荷的本字。本義肩扛。借爲疑問代詞。

信 甲骨文𰀮 从人从言。本義誠實。

便 甲骨文𰀯 从人从更，會意爲變通以方便。本義方便。

重 甲骨文𰀰 从人東聲。本義體重。

堯(尧) 甲骨文𰀱 人面對兩个高大的山丘。上古帝王堯出生在叫堯的黃土高原上而得名。本義高原。

代 甲骨文𰀲 从人弋聲。本義代替。

借 金文𰀳 从人昔聲。本義假借。

禿 甲骨文𰀴 从人从禾會意。表示人頭上剩幾根頭髮。後來"人"變成"几"。本義頭頂無髮。

仇 甲骨文𰀵 从人九聲。《左傳》曰：嘉偶曰妃，怨偶曰仇。本義怨恨的雙方。

俺 金文𰀶 从人奄聲。第一人稱。

他 金文𰀷 从人从它會意。現代人創造的男性第三人稱。

似 金文𰀸 从人从以會意。本義相象。

佚 金文𰀹 从人失聲。本義隱居遁世的人。

伯 金文𰀺 从人白聲。父親的哥哥。

例 金文㛜 从人列聲。本義對人分類排列。
依 金文㐆 从人衣聲。本義依偎。
佯 金文㐰 从人羊聲。本義假裝。
做 金文㑣 从人从故會意。从事(某種工作、活動)。
傅 甲骨文㑄 从人專(fū)聲。本義輔佐。
倘 金文㑣 从人尚聲。本義驚異欲止的樣子，引申爲假設。
儀(仪) 金文㐰 从人从義會意。人的容貌、舉止。
僅(仅) 甲骨文㐰 从人堇(jīn)聲。本義只、不過。
優(优) 金文㐰 从人憂聲。本義寬裕，引申指美好。
傷(伤) 金文㐰 从人㼌省聲。本義創傷。
僞(伪) 金文㐰 从人爲，爲亦聲。本義人爲的，引申爲假的。
償(偿) 甲骨文㐰 从人賞聲。本義歸還。

2.勹(bāo) ⚬

《説文》:"象人曲形，有所包裹。"譯：象人彎曲的樣子，象有所包裹的樣子。

甲骨文 ⟨ 是人字的變體。例字：

佃 金文㐰 从勹(人)从田。佃、甸古同字。人居於有田地之處，今東北有的地方稱村落爲"甸"。人在田上(種地)也稱"佃"。

匈 甲骨文㐰 从勹(人)凶聲。胸的本字。

勻 金文𠣎 从勹(人)二會意。本義分出、均勻。

3. 包 ⓑ

《說文》:"象人裹妊,巳在勹中,象子未成形也。"譯:象懷孕之形,从巳(胎兒)从勹(子宮),勹亦聲。胎兒(巳)生下來有了呼吸稱爲子。證明"巳"是"子"的變體。

金文 ⓑ 是胎兒形。本義胎胞。引申爲包住、包容。

4. 兒(儿) ⓡ

《說文》:"古文奇字人也,象形。"譯:儿是人的變體,象人形。作偏旁時在下寫作儿。

金文 ⓨ 頭頂有囟門的小兒形。例字:

兄 甲骨文 ⓨ 从儿从口。指與口有關(發号施令或祝告)的年長者。古時兄可以隨時命令弟。

充 金文 ⓨ 从儿,育省聲。儿、育一起會意爲小兒生長。本義長高。

5. 子 ⓨ

《說文》里只有對干支中甲子的子的解釋。(見後 250 頁)

甲骨文 ⓨ 是小兒在襁褓之形。胎兒(巳)生下來有了呼吸稱爲子。例字:

孩 甲骨文 ⓨ 从子亥聲。本義小孩咳咳的笑聲。代指小孩。

孔 金文 𰀀 嬰兒頭頂上加一筆，指頭頂未合處的窟窿。指事字，本義窟窿。借爲很、甚。
孟 金文 𰀀 从子皿聲。同輩中年紀最大的。
妙 金文 𰀀 从子从小。本義妙年，引申爲美妙。
乳 甲骨文 𰀀 母抱子哺乳之形。本義哺乳。
孕 金文 𰀀 从子从几。婦女懷胎的樣子。
孫(孙) 甲骨文 𰀀 从子从系（續也）。兒子之兒子。

6. 了 𰀀

《說文》："𡰪(liào)也。从子，無臂，象形。"譯：行走時腿腳相交。字形以子字作基礎，省去子的兩臂形狀。

　　甲骨文 𰀀 与巳 (𰀀) 方向相反，是巳的變體。本義結束。

7. 元 𰀀

《說文》："始也。从一从兀。"譯：元，起始。用一、兀會意。

　　甲骨文 𰀀 象一个側立的人，突出人頭。本義人頭，引申爲起始。一般作聲旁。

8. 允 𰀀

《說文》："信也。从儿㠯(yǐ)聲。"譯：誠信。用儿作形旁，用㠯(𰀀)作聲旁。本義誠實。引申爲公平。

　　甲骨文 𰀀 象一个人點頭，表示相信的樣子。本義相信。

9. 七(huà)

《説文》："變也。从到(倒)人。"譯：變化，象倒立的人形。

甲骨文 ᚢ 變化之大莫過於顛倒，故取人形倒轉以示變化之意。例字：

化 金文 ᚢ 从七从人，七亦聲。本義教化。凡變七當作七；教化當作化。今變七字也作化，化行而七亡。

10. 匕(bǐ)

《説文》："相與比叙也。从反人。亦所以用匕取飯。"譯：匕，一起比較而排列次第。反寫的人字。匕也是用來舀取食物的勺匙。

甲骨文 ᚢ 甲骨文不拘方向的反正，故匕、七在甲文中本爲一字，後來才分化。反向爲匕，正向爲七。小篆中匕、七的形體已不按方向的正反劃分，而是七的人形向上，匕的人形向下。匕有兩個含義：一是與面左向的人相反而面向右，代表與男性相對的女性。古"妣"作"匕"。二是當湯匙解，故匙字从匕。例字：

匙 甲骨文 ᚢ 从匕是聲。本義勺子。

頊(顼) 金文 ᚢ 从匕从頁。頭不正，傾的本字。

妣 甲骨文 ᚢ 本作匕，指女性。金文 ᚢ 加女旁，指母親。後專指去世的母親。

11. 大 大

《説文》："天大地大，人亦大焉。象人形。"譯：天大，地大，人也大。所以"大"字象人的形象。

甲骨文 大 象人兩手兩腿張開正立之形，即成年男子，本義大人。作偏旁可在上，可在下，亦可在中間。例字：

奄 金文 奄 从大从申會意。本義覆蓋。

屰(nì) 甲骨文 屰 从倒大(人)。本義不順。

太 金文 太 指事字。同大，在大下加一點，強調成年男子。

夸 甲骨文 夸 从亏从大(人)。亏，人出气(聲)之意，故有夸口的意思。

奎 金文 奎 从大圭聲。胯的本字，本義人的胯部。借爲星宿名。

央 金文 央 人立於中央，本義中央。或説"央"字象人戴枷之形，殃之本字。

爽 甲骨文 爽 一个人左右各有一燈盞。本義明亮。

奕 金文 奕 从大亦聲。本義大。

乘 甲骨文 乘 大(人)在樹頂之形。本義攀登。引爲乘坐。

夯(hāng) 金文 夯 从大力會意。本義用大力舉起重物砸下。音爲勞動時一起用力發出的号子聲。

奢 金文 𡩛 从大者聲。本義鋪張。

夾(夹) 甲骨文 𡗕 兩人夾住一人之形。本義輔佐。引申爲从兩旁鉗住。

12. 去 𠫓

《説文》："人相違也。从大凵(qū)聲。"譯：去，兩人相背而行。大作形旁，凵作聲旁。

甲骨文 𠫔 上大(人)下口。从住的洞穴口離去。本義離去。"去國懷鄉"用的是本義。

13. 且 且

《説文》："所以薦也。从几。足有二横，一其下地也。"譯：且，墊桌腳的草墊。用几作形旁，象桌腳之間有二道橫杆，下面的一橫，表示桌腳下的地面。

甲骨文 且 男陽具的象形。後借爲虛詞。例字：

助 甲骨文 𠯁 从力从且。本義用力。引申爲帮助。

14. 卵 卵

《説文》："凡物無乳者卵生。象形。"譯：凡是無乳之物則選擇卵生。象形字。

金文 卵 睾丸之形。俗稱"卵子"。

15. 氏 氏

《説文》："巴蜀山名岸脅之㫄箸欲落墜者曰氏，氏崩，聞數百里。象形，乁聲。"譯：巴地、蜀地的山崖側面附着而將要墜落的山岩叫"氏"。"氏"崩塌時發出的聲音，方圓百里都可以聽到。字形象崖肩之形，"ㄟ(fú)"作聲旁。

金文 𓀀 人形而突出人根，本義爲㲺。姓氏之氏就是用本義。例字：

昏　甲骨文 𓀁 上氏下日，男女交合之形。婚的本字。後來被借爲昏暗，又加女造形聲字"婚"。

16. 氐 𣆴

《説文》："至也。从氏下箸一。一，地也。"譯：抵達。字形用"氏"和"一"構成指事字，表示"氏"下面附着"一"。

甲骨文 𓀂 同氏。俗稱屌。專門配種的羊叫羝羊可證。例字：

低　甲骨文 𓀃 从人氏，氏亦聲。本義卑下。

羝　金文 𓀄 从羊从氐會意。指種公羊。

17. 夷 𡗕

《説文》："平也。从大从弓。東方之人也。"譯：平。用大、弓會意，指位居中國東邊的人。

金文 𡗕 人背弓形。夷是華夏大地先民的名稱。清代段玉裁："南方蠻閩从虫。北方狄从犬。西方羌从羊。惟東夷从大。則與夏不殊。夏者，中國之人也。大，人也。"

18. 夭 𠘧

《説文》："屈也。从大，象形。"譯：屈身。用"大"

9

作形旁，象人扭頭屈身的樣子。人將頭傾斜(向左向右均可)，是身體不正的姿勢，故有不正之意。如：夭加女成"妖"，妖不是正神，取其不正之意。

　　金文 象奔走的人。例字：

笑 金文 从竹从夭，夭亦聲。竹被吹彎發出聲響，如人笑時屈體彎腰。本義歡笑。

喬(乔) 甲骨文 从夭从高省。本義站得高而彎曲。引申爲假裝。

19. 交

　　《說文》："交脛也。从大，象交形。"譯：交叉小腿而立。用"大"作形旁，象人兩腿交叉的樣子。

　　甲骨文 大(正面的人)的兩腿左右交叉。本義交叉。

20. 因

　　《說文》："就也。从囗(wéi)大。"譯：因，就近依憑。用囗、大會意。

　　甲骨文 一个人躺在一張墊子或毯子上。茵的本字，本義墊子。被借爲虛詞後，又加"艸"造"茵"。

21. 夫

　　《說文》："丈夫也，从大。一以象簪。"譯：成年男子。用"大"作形旁，用一畫表示成年男子頭髮上的簪子。

　　甲骨文 古代男子成年束髮加冠才稱丈夫，故字形爲人頭上加簪束髮之形。一般作聲旁。

22. 久 ᄀ

《説文》:"以後灸之,象人兩頸後有炷也。"譯:久,从背後作針灸。字形象兩頸後有艾炷。

金文 ᄀ 一人背後放了一个艾炷,灸的本字。後來被借爲長久的久後,又造灸字。

23. 從(从) 訕

《説文》:"相聽也,从二人。"譯:一人跟隨一人,跟从的意思。

甲骨文 ⅔ 卜辭中从、比同字。後來二者在詞義上出現區別:"从"象二人同向外走,意爲跟隨;"比"象二人同向内走,有親近之意,如"朋比爲奸"。从來加彳止爲從,強調動作。簡化字又回到本字。

24. 比 ⅔

《説文》:"密也。二人爲从。反向爲比。"譯:相从密切。兩人相隨構成"从"字,反寫"从"字遂成"比"。

金文 ⅲ 兩人一前一後並靠的樣子。本義並列。

例字:

皆 金文 㕣 用比、白會意。人人都這麼說,口徑一致。本義都、一起。

25. 北 ⅔

《說文》:"乖也,从二人相背。"譯:違背。用兩個相背的"人"會意。

甲骨文 ᐊᐊ 二人相背而走。本義違背。借爲北方的北後,違背的"背"又借用了後背的"背"。

26. 衆、眾(众) 🎓

《說文》:"多也。从乑(yín)目,衆意。"譯:眾,人多。用乑、目會意,眾多的意思。

甲骨文 ᑰ 日下有三人(很多人)。本義眾人。

例字:

聚 甲骨文 ᑰ 从乑(yín 众)取聲。本義村落。引申爲聚集、聚合。

27. 身 ᑫ

《說文》:"躳(躬)也。从人,象人之身。"譯:身,軀體。象人的身體。

甲骨文 ᑫ 象婦人有妊之形,或以爲象大腹便便的男子的側形,即有身份的貴族。例字:

躳 金文 ᑫᗰ 从身从呂。本義身體。

軀(躯) 甲骨文 ᑫᗰ 从身區聲。本義身體。

躲 金文 ᑫᗰ 从身朵聲。本義隱藏身體。

躺 金文 ᑫᗰ 从身尚聲。本義身體平臥。

28. 民 ᗰ

《說文》:"衆萌也。从古文之象。"譯:民,衆氓。字形承襲古文的形象。

金文 ᐱ 甲骨文中還沒有民字或從民之字，康王時盂鼎首見。ᐱ 象目中着刺，指古代奴隸（刺盲一目）。

古時人、民不同，人指貴族，民指奴隸，所以《曹劌論戰》中才有公曰："衣食所安，弗敢專也，必以分人。"對曰："小惠未徧，民弗從也。"唐代爲避李世民諱，將古文中的民改爲人，唐以後又改回去，人、民二字遂混用。例字：

氓 金文 從民亡會意。指奴隸、俘虜等底層人。

29. 臣 臣

《說文》："牽也。事君者。象屈服之形。"譯：臣，被牽拉。表示侍奉君王。象一個人屈服之形。

金文 人跪拜之形。本義奴隸。

郭沫若在《釋臣宰》中把"臣""民"二字作了比較："臣民均古之奴隸。民乃敵虜之頑強不服命者，而臣宰則其中順從者。古人即用其順從者以宰治其同族，相沿既久，則凡治人者稱臣宰，被治者稱庶民。"例字：

臧 金文 從戈臣會意爲忠誠的衛士，引申爲好、善。後加聲旁爿。如諸葛亮《出師表》中"陟罰臧否，不宜異同"。

臥(卧) 甲骨文 從人臣會意，臣，人跪拜之形。本義趴伏。

臨(临) 金文 𦥑 从臥品聲。本義俯身察看。

30. 女 ⚲

《說文》："婦人也。象形。"譯：婦人。象形字。

甲骨文 ⚲ 字形爲一人斂手跽跪之形，漢字隸定時字形左轉而成"女"。例字：

奴 甲骨文 𡥂 一手抓一女子之形，會意爲強迫爲奴隸。

妥 甲骨文 𡛼 一大手按住一跪地女子，表示制服了她。本義使安穩。

好 甲骨文 𡥃 女抱子之形，子在左右均可。有新生命誕生當然是大喜。好壞之好是後起義。

孬 金文 𡥉 後人造的會意字。不好爲孬。

妾 甲骨文 𡚼 象頭頂戴重物之女奴。可知妾是女奴，作爲次妻乃奴隸主淫威所迫。

妻 甲骨文 𡚽 一手抓住女子之頭髮之形。可見古代妻子在家中的从屬地位。

姜 甲骨文 𦍌 从女从羊。上古母系氏族姓氏一般从女，神農氏圖騰爲羊，又从羊，所以姓姜。

如 甲骨文 𡥄 从女从口。古代女子从父之教，从夫之命，所以女口會義爲依照。

始 甲骨文 𡥅 从女台聲。女子的初生。引申爲開始。

偷 甲骨文 𡥆 从女俞聲。本義女子苟且。引申爲

14

偷東西。

姓 甲骨文 𤣥 从女从生。會意爲女人所生。本義姓氏，一个家族的名稱。

委 甲骨文 𤣥 从女从禾。會意爲順從、跟隨。萎的本字。

奸 甲骨文 𤣥 从女从干。干亦聲。本義強奸。

姦 金文 𤣥 从三女。本義使詐。奸、姦是兩个不同的字，現同作奸。

佞 金文 𤣥 从女从仁。本義逢迎討好人。

姻 甲骨文 𤣥 从女从因，因亦聲。會意爲女人依靠的對象，本義女婿的家。古代女方的父親叫婚，男方的父親叫姻。

婢 甲骨文 𤣥 从女从卑，卑亦聲。女人中地位低下的人。

威 甲骨文 𤣥 从女从戌。象一女子面對一大斧。本義威脅。

娜 甲骨文 𤣥 从女那聲。本義女子體態柔美、婀娜。

妄 金文 𤣥 从女亡聲。本義無理亂來。

妃 甲骨文 𤣥 从女己聲。本義配偶。後成爲王室配偶的專稱。

妖 甲骨文 𤣥 从女芺（ǎo 一種異草）聲。本義豔麗。

妒 甲骨文 𤣥 从女戶聲。本義婦人嫉恨丈夫。

姐 金文 𤣥 从女且聲。本義姐姐。

15

姿 金文𡛺 从女次聲。女子的美好的體態。
娃 甲骨文𡛔 从女从圭。本義女子容貌嬌美。
娛(娱) 甲骨文𡚻 从女吳聲。本義作樂。
娟 金文𡜎 从女肙聲。本義姿態美好。
娘 甲骨文𡚽 从女从良，良亦聲。本義年輕女子。引申指母親。
婪 甲骨文𡜻 从女林聲。本義貪多。
嫌 金文𡡉 从女兼聲。本義猜疑。
嫩 甲骨文𡡕 从女从耎(ruǎn)會意。本義女子柔美的樣子。
妝(妆) 甲骨文𡞣 从女，牀省聲。本義女子修飾容貌。
嬰(婴) 甲骨文𡡓 从女賏。婦女頸脖上的裝飾品。後借指初生的女嬰。
媽(妈) 金文𡡗 从女馬聲。本義母親。
婦(妇) 甲骨文𡚼 从女持帚灑掃也。干活的女子，本義已婚女子。

31. 要 甲

《說文》："身中也。象人要自𦥑(jū)之形。从𦥑，交省聲。"譯：要，身軀的中段。象人用兩手叉著腰部的樣子。用𦥑(叉手)作形旁，用省略了聲母的交作聲旁。

甲骨文𡚬 象一個女子雙手叉腰的樣子。腰的本字。後來字的上部訛變爲西。

32. 也 也

《説文》:"女陰也。象形。"譯：女人陰部，象女人陰部的形狀。

甲骨文 也 女人陰部象形。後來借爲虛詞。

33. 后 后

《説文》:"繼體君也。象人之形。施令以告四方，故厂之。从一口。發号者，君后也。"譯：繼承王位的君主。象人形。(君王)發布号令告知四方，所以用厂表示四方。用一口表示發布号令只是君后一人。

甲骨文 "后、育、毓"的甲骨文字形相同。爲母親産子之形。證明這三个字本義相同。後來各有側重："後"指生育衆多子孫的部落首領，名詞。這是母系社會的沿留，後來帝王雖已爲男性，但稱謂上仍稱爲"後"，作爲帝王妻子的稱呼是後起義;"育、毓"指生育，動詞。後來的"後"与君后的"后" 毫無關系，但是簡化成"后"。

34. 育 育

《説文》:"養子使作善也。从 古 (tū)肉聲。"譯：育，培養孩子，使之从善。字形用 古 作形旁，用肉作聲旁。

甲骨文 母親産子之形。本義生育。引申爲養育。

35. 司 司

《説文》："臣司事於外者，从反后。"譯：司，在外辦事的官吏。是反寫的"后"。

金文 司 同后（后），指發号施令之人。向左、向右本無區別，如"司母戊鼎"的"司"就是"后（帝王）"之意。銘文中"司馬"也寫成"后馬"。後來才分化成：右向者尊爲"后"，左向者屈作"有司"的"司"。

36. 立 立

《説文》："住也。从大立一之上。大，人也。一，地也。會意。"譯：立，站立。用大（人）在一上，表示人站地上。

甲骨文 立 人分開兩腿站立在地上之形。本義站立。例字：

站 甲骨文 站 从立占聲。本義站立。

位 甲骨文 位 同立。本義人站立的地方，位置。古立、位同字，如莅临的"莅"。

端 甲骨文 端 从立耑（duān）聲。本義直立。

竣 金文 竣 从立夋聲。本義事畢退立，引申爲事情完成。

竦 金文 竦 从立从朿會意。本義立正姿勢站立。

竭 金文 竭 从立曷聲。本義用盡。

37. 並(并)

《說文》:"併也。从二立。"譯:兩人並立。用兩個人站在一起會意。

甲骨文 二人並立,兩人並肩站在一起。

38. 無(无)

《說文》:"無,亡也。从亡,無聲。"譯:無,沒有。字形用"亡"作形旁,用"無"作聲旁。

甲骨文 象人手握飾物跳舞之形。舞的本字,後借爲否定詞無(无)。又在無下加"舛"造出"舞",以突出"足之蹈之"的意思。

39. 士

《說文》:"事也。數始於一,終於十,从一十。孔曰:推十合一爲士。"譯:士,善於办事的人。天地之數,从一開始,到十結束。用一、十會意。孔子說:"能推十合一、从眾多事物中推演歸納出一个根本道理的人,就是高明的士。

金文 甲骨文中無士字。士是从立演變出來的。古代男子到結婚年齡稱"士",進而指超群之人如國士、力士、勇士、志士、女士。例字:

壯(壮) 金文 壯 从士爿(床)聲。本義強大、強壯。

40. 屍(尸)

《說文》:"陳也。象臥之形。"譯:尸,陳放。象人僵臥的樣子。

甲骨文𠂆 尸是古代祭祖時裝扮成祖先接受祭祀的人，故字形是人坐之形。因其代表已故去的祖先，所以"尸"不能動。後來加"死"成"屍"才是真正的死者的屍體。例字：

尼 甲骨文𡰪 从後親近之形。昵的本字。

居 金文𡲵 从尸古，踞的本字。本義蹲踞。

尺 金文𠞿 尸（人體）下突出腿。因一尺約爲小腿（腳踝到膝蓋）的長度。十寸爲一尺。尺又是用來測量長度的工具。

局 金文𡱔 从尺从口。本義局促、緊促。

届 甲骨文𡱂 从尸凷（kuài 土塊）聲。本義路上土塊使人行走不便。引申爲到。

展 甲骨文𡰯 从尸，䍃省聲。本義轉身。

屠 甲骨文𡲢 从尸者聲。宰殺剖切。

屎 金文𡱂 一个蹲坐的人下面幾个點，會意爲人在排便，本義人的糞便。

尿 甲骨文𡰯 人撒尿形。本義小便。

屁 甲骨文𡱂 从尸比聲。本義放屁。

屋 金文𡲵 从尸（人）从至（止息）會意。人們居住的地方。

屏 金文𡲢 从尸并聲。本義正對門的牆，照壁。引申爲屏風。

層(层) 金文 圕 从尸曾聲。本義人住的多層房屋。

41. 長(长) 舀

《說文》："久，遠也。从兀，从七(化)，亡聲。兀者，高遠意也。久則變七(化)。𠂆者，倒亡也。"譯：長，時空久遠。用兀、七作形旁。兀，是高遠的意思。七，表示久則變化。用亡作聲旁，𠂆是倒寫的亡。本義時空久遠。

金文 斤 長髮之人形，長老的意思。長久是後起意。例字：

肆 甲骨文 㭊 从長聿(筆)。會意爲拉長一筆。本義伸展。

套 金文 夰 从大从長。本義罩在外面的東西。

42. 老 耂

《說文》："考也。七十曰老。从人毛七（化）。言鬚髮變白也。"譯：老，衰朽。人到七十的狀態叫老。用人、毛、七會意。這是說鬚髮都變白了。

甲骨文 肾 長髮拄杖之人形，指老人。例字：

壽(寿) 甲骨文 瀆 从老省从𠷎(chóu)，𠷎爲農夫屈身耕田之形。本義身體強壯的老年人。引申爲長壽。

考 金文 㝯 从老省，丂(kǎo)聲。同老。

43. 孝 㝯

《說文》："善事父母者。从老省，从子。子承老也。"

譯：孝，善於侍奉父母長輩。用省略了匕的老和子會意。表示孩子背着老人。

甲骨文 𦻞 小孩背老人之形。孝順的表現。

44. 亦 亣

《說文》："人之臂亦也。从大，象兩亦之形。"譯：亦，人的腋窩。字形用大作形旁，八象臂彎下兩个腋窩的樣子。

甲骨文 亣 指事字，人兩邊之兩點指腋窩之所在。現在字形作"腋"。卜辭中"亦""夜"同。一般作聲旁。

45. 亢 亣

《說文》："人頸也。从大省。象頸脉形。"譯：人的頸部。字形用有所省略的"大"作邊旁，象頸脉的形狀。

金文 亣 用有所省略的大作邊旁，突出頸脉的形狀。指人的頸部。一般作聲旁。

46. 囟(xìn) 囟

《說文》："頭會腦蓋也。象形。"譯：頭骨會合處。象形字。

金文 囟 小兒會說話之前，頭頂骨未合處叫囟門，這是囟門象形。

47. 心 心

《說文》："人心，土臧也，在身之中。象形。"譯：人的心臟，是屬於土性的臟器，藏在身軀的中央位置。象心臟的形狀。

甲骨文 ♥ 更象心臟的形狀。作偏旁寫作"心、忄、㣺"。例字：

思 金文 🕮 从心从囟。甲骨文中無思字，是後起的形聲字。古人認爲思考用心，故"思"从"心"得義。本義思考。

惑 金文 🕮 从心或聲，或兼會意。"或"是不定代詞，在這裏既表義（疑惑）又兼表聲。本義疑惑。

念 甲骨文 🕮 从心今聲。本義經常惦記。

意 金文 🕮 从心从音。內心想說的，心意。

想 金文 🕮 从心相聲。本義思索。

恩 金文 🕮 从心因聲。本義恩惠。

急 甲骨文 🕮 从心及聲。本義心急、急躁。

意 金文 🕮 从心音。用心察言而知其意。本義心意。

志 金文 🕮 从心从㞢（之）。㞢亦聲。㞢後來訛變成士。本義心願。

慮(虑) 金文 🕮 从思虍聲。本義思考。

感 甲骨文 🕮 从心咸聲。本義感動。

忒(tuī) 金文 🕮 从心弋聲。本義更加。

忽 金文 🕮 从心勿會意。本義不重視。

恐 甲骨文 🕮 从心工聲。本義懼怕。小篆開始加

"孔"。

恙 金文 𦊆 从心羊聲。本義憂愁，引申爲疾病。

恬 金文 𢚩 从心甜省聲。本義內心安靜。

恰 甲骨文 𢓊 从心从合。與心相合，正好。

忖 金文 𢗁 从心从寸會意。本義揣度。

快 金文 𢗇 从心夬(guài)聲。本義喜悅。

怯 金文 𢘁 从心从去。本義害怕。

性 金文 𢖺 从心从生，生亦聲。本義人的本性。

情 金文 𢡃 从心青聲。本義情感。

愉 金文 𢝞 从心俞聲。本義高興。

慕 金文 𦴴 从心莫聲。本義敬仰、羨慕。

哲 金文 𢙷 从心折聲。本義明智。篆字定型時，心變爲口。

懷(怀) 金文 𢚣 本作褱，从衣眔(dà 流淚)。表示內心思念而流淚。本義懷念。後加心旁強化懷想義。

憐(怜) 甲骨文 𢥹 从心粦聲。本義憐愛、憐憫。

48. 憂(忧) 𢝊

《説文》："心動也。从心尤聲。"

甲骨文 𢝊 一个人舉手撓頭之形。本義憂愁。一般作聲旁。

49. 骨 𩨻

《説文》："肉之覈也。从冎(guǎ)有肉。"譯：骨，肌肉所依附的堅硬組織。象是冎架上長有肌肉。

金文 𡿨 骨頭連接之形。例字：

體(体) 甲骨文 𩪊 从骨豊(lǐ)聲。总括人身所有部分。

滑 甲骨文 𣱔 从水从骨，骨亦聲。本義光滑。

骼 金文 𩩙 从骨各聲。禽獸的骨頭。

骸 金文 𩪅 从骨亥聲。本義小腿骨。泛指骨頭。

50. 歺(è) 𣦵

《說文》："剮骨之殘也。从半冎(guǎ)。"譯：分解骨肉之後的殘骨。由冎字的一部分組成。隸書開始寫成歹。

甲骨文 𣦵 象一个人的殘骨。本義死亡。例字：

死 金文 𣦹 从歺从人。會意爲人死亡。

殄(tiǎn) 金文 𣦼 从歺从彡(zhěn)。本義滅絕。

朽 金文 𣧑 从歺丂(kǎo)聲。本義屍體腐爛。

殃 金文 𣧟 从歺央聲。神降的懲罰。

殊 金文 𣧏 从歺朱聲。本義斬首，从屍首分離引申爲差異。

列 甲骨文 𠛰 从歺从刀。本義分割。

斃(毙) 甲骨文 𣩍 从死敝聲。本義倒下去，引申爲死。

殲(歼) 甲骨文 𣩵 从歺韱(xiān)聲。本義殺光。

51. 肉 ⺼

《說文》："胾(zì 切成大塊的肉)肉。象形。"譯：

大塊肉，象形字。

甲骨文 🗡 肉塊形。作偏旁作月，俗稱"肉月旁"。

例字：

肖 金文 🖼 从肉小聲。本義骨肉(相貌)相似。不似其先曰"不肖"。

肴 金文 🖼 从肉爻聲。本義肉類葷菜。

肩 金文 🖼 从肉从户。户在這裏是肩膀的象形，本義肩膀。

胃 金文 🖼 从肉从⊠。⊠象胃袋之形。消化食物的臟腑。

冑 金文 🖼 从肉由聲。貴族的後代。

胡 甲骨文 🖼 从肉古聲。牛脖子下的贅肉。引申爲胡子。

够 甲骨文 🖼 从二塊肉勾聲。本義足够。

股 甲骨文 🖼 从肉殳聲。本義大腿。

肯 金文 🖼 从冂(骨的簡寫)从肉。本義附在骨頭上的肉。如《庖丁解牛》：技經肯綮之未嘗。後借爲可。

肓 金文 🖼 从肉亡聲。心臟和隔膜之間的部位。

肺 金文 🖼 从肉市(fú)聲。肺臟。

肥 甲骨文 🖼 从肉从卩。本義腜碩多肉。

胖 甲骨文 🖼 从半从肉，半亦聲。屠宰後對半剖開的牲肉。引申爲肥胖。

脊 金文 🖼 从亦从肉。本義椎骨。

背 甲骨文𦙝 从肉北聲。本義脊背。

肋 甲骨文𦙖 从肉力聲。兩腋下的肋骨。

胎 甲骨文𦙍 从肉台聲。婦女懷孕三个月。

脫 甲骨文𦙫 从肉兌聲。本義肉去皮。引申爲脫落。

炙 金文𤑔 从肉在火上會意。烤肉。

隋 金文𨹧 从肉从陸(duò)省會意。本義撕肉拋地進行祭祀，後用爲朝代名。

宜 甲骨文𠨷 應該是擺放好的肉類祭品。後來外面的罩子演變成"宀"。

膚(肤) 甲骨文𦢊 从肉盧(卢)省聲。人體表皮。簡化字用夫作聲旁。

勝(胜) 甲骨文𦙫 从肉从生。腥的本字。本義肉的腥味。與勝無關，被借用爲勝。

臉(脸) 甲骨文𦣝 从肉僉聲。面部。

腳(脚) 甲骨文𦚎 从肉卻聲。腳脛。

52. 亡 ᕯ

《說文》："逃也。从入从乚(yǐn)。"譯：逃跑。从入从乚會意。乚，匿也。

甲骨文𠃌 在人形前畫一豎。會意爲人隱匿在某物後。引申爲逃亡。又借爲無。一般作聲旁。

53. 母 𣫵

《説文》:"牧也。从女,象裹子形。一曰象乳子也。"譯:哺育子女。用女作形旁,象懷抱孩子的樣子。另一種説法認爲,"母"的字形象給孩子餵奶的樣子。

甲骨文 女字突出乳房。本義母親。

54. 每

《説文》:"艸盛上出也。从中母聲。"譯:每,草葉茂盛,葉片向上長出的樣子。中作形旁,母作聲旁。

甲骨文 母頭上插飾物。母的異體字。借爲虛詞。例字:

繁 甲骨文 一个每(婦人)在整理絲束,後來又加上形旁手。本義繁多。

55. 毋

《説文》:"止之詞也。从女一。女有奸之者,一禁止之,令勿奸也。"譯:使之停止。字形用女作形旁,一橫爲指事符號,表示此女有通奸行爲,一橫表示禁止。許慎的解釋太牽強。

金文 與母(金文)相同。可能是因母親對孩子最有權威(特別是母系社會),故"母"被借爲禁止詞。後來寫成"毋"。

56. 吕

《説文》:"脊骨也。象形。"譯:脊椎骨。象椎骨相連。

甲骨文 ❏ 同許説。象兩塊脊骨相連。本義脊椎骨。

57. 弟 弟

《説文》:"韋束之次弟也。从古字之象。"譯：用牛皮纏繞的次序。篆文采用古文字形。

金文 弟 是人身上背弓矢之形。《吴越春秋》："古之人民質樸，死則裹以白茅，投之中野，孝子不忍見父母爲禽獸所食，故彈以守之，絶鳥獸之害。"説明在土葬之前，人死後用柴薪蓋上，置於郊外，怕禽獸來吃，故送葬親友均帶弓箭以驅趕禽獸。弟、叔通常爲兄送葬，故弟字从弓。

58. 克 克

《説文》:"肩也。象屋下刻木之形。"譯：克，用肩扛。字形也象人在屋下鑿刻的樣子。

甲骨文 克 一人頭戴冑而手叉腰，武士勇武之形。本義勝任、能，如成語：克勤克儉。

59. 文 文

《説文》:"文，錯畫也。象交文。"譯：交錯的筆畫。象交叉的紋案。

甲骨文 文 古人在身上畫（或刺）花紋，稱"文身"。古有黥刑，直至宋代猶存"文面"之刑（在臉上刻字，見《水滸》）。本義文身。後來引申爲"文章（文采）"的"文"，形容詞。例字：

彦 金文 㐺 从文厂从彡(shān)。本義外表出眾，又有才學的人。

斐 金文 𣑭 从文非聲。美麗的花紋。《易》曰："君子豹變，其文斐也。"

斑 甲更文 𤫟 从文辡(biàn)聲。本義顏色駁雜不純

吝 金文 吝 从文从口會意。悔恨、吝惜時，口中嘖嘖，口角出現皺紋。本義悔恨、吝惜。

二、五官類漢字

60. 頁(页)

《說文》："頭也。从百(shǒu)从儿。"譯：人的頭部，从百从儿會意。

甲骨文 上半部是百(頭)，下半部是人。頁、百都指頭。例字：

頌(颂) 甲骨文 从頁公聲。容的本字，指人的容貌。被"歌頌"的"頌"借走後，才借用"容器"的"容"。

顯(显) 甲骨文 从頁从日从絲。人在太陽下看絲（極細小的東西）。本義明顯。

頭(头) 甲骨文 从頁豆聲。本義人首。

頗(颇) 甲骨文 从頁皮聲。頭偏向一邊。泛指不正。

順(顺) 甲骨文 从頁从川。本義梳理、使有序。

題(题) 甲骨文 从頁是聲。本義額頭。引申爲題目。

頸(颈) 甲骨文 从頁巠聲。脖子。

碩(硕) 甲骨文 从頁石聲。本義頭顱巨大。

頓(顿) 甲骨文 从頁屯聲。以頭叩地。

顏(颜) 金文 从頁彥聲。本義臉、臉色。

領(领) 甲骨文 从頁令聲。本義頸脖。

31

頹(颓) 甲骨文🈀 从頁从禿會意。本義禿頭，引申爲衰敗。

項(项) 甲骨文🈀 从頁从工。頸脖的後部。

顧(顾) 甲骨文🈀 从頁雇聲。本義回頭看。

願(愿) 金文🈀 从頁原聲。本義大頭。假借爲意願，漢字簡化，以愿代願。

61. 首 🈀

《説文》："𦣻(shǒu)同。古文百也。巛象髮。"譯：首与𦣻是同一个字。首是古文寫法的"𦣻"字。巛象頭髮。

甲骨文🈀 帶髮的頭形。是𦣻的古字。𦣻在卜辭中多當頭講，而首是地名。現在"首"通行而"𦣻"已消亡。

62. 面 🈀

《説文》："顏前也。从𦣻，象人面形。"臉盤兒的象形。

金文🈀 同許説。例字：

靨(厭 yè) 金文🈀 从面厭聲。本義面頰。

63. 貌 🈀

《説文》："頌儀也。从人，白象人面形。貌，从兒豹省聲。"譯：本作皃，恭頌的樣子。字形用人、白會意，白象人的面庞形狀。貌从兒，用省略了勹

32

的豹作聲旁。

甲骨文 ? 人形突出面部。本義容貌。後加省略了勺的豹作聲旁，形成貌。

64. 色 色

《説文》："顔色也。从人从卩（卩）。"譯：臉上的顔色、气色。字形用人、卩會意。

金文 一手指面部的人形。本義臉色。例字：

艷（艳） 金文 从色从豐。本義豐滿美麗，引申爲色彩艷麗。

65. 而 而

《説文》："頰毛也。象毛之形。"譯：臉頰上的絡腮鬍子。字形象毛髮之形。

甲骨文 頰毛之形，即鬍子的全稱。後來"而"被借爲虛詞才又造出"須"字來稱鬍子。例字：

耐 甲骨文 从而从寸。本指古代一種剃鬍鬚的輕微懲罰。引申爲受得住。

耍 甲骨文 从而从女。用鬍子戲耍女子，本義戲耍。

66. 彡 (shān) 彡

《説文》："毛飾畫文也。象形。"譯：用筆畫出的毛髮，象毛髮形。

金文 三 同許説。例字：

33

須（须） 甲骨文𩑺 从頁从彡。彡，毛飾也。本義鬍須，借爲所須之須。

彩 甲骨文彩 从彡采聲。各種顏色交織。

影 甲骨文影 从彡从景（日光）。日光被擋，陰影。

形 甲骨文形 从彡从开。彡，毛飾；开(jiān)，主干。二者會意爲形狀。

修 金文修 从彡攸聲。本義修飾。

彰 甲骨文彰 从彡从章，章亦聲。本義明顯、顯著。

弱 甲骨文弱 从彡从弜(jiàng)。兩弓爲強，那么弓弦松散則爲強的反義。本義差、弱。

67. 髟（biāo）髟

《說文》："長髮猋猋也。从長从彡。"譯：長髮。用長、彡會意。

金文髟 从長从彡。本義長髮。例字：

髮（发） 小篆髮 从髟犮聲。髮是後出現的形聲字。本義頭髮。髮和發本來無關，但都簡化成发。

髻 金文髻 从髟吉聲。本義髮結。

髫 金文髫 从髟召聲。小兒下垂的髮髫。

68. 自 自

《說文》："鼻也。象鼻形。"譯：鼻子。字形象鼻骨與鼻彎的形狀。

甲骨文自 字形很象鼻子。因爲人們說到自我

時,常指自己的鼻子,所以後來自成了自己的"自"。於是,又另造一個形聲字"鼻"表示鼻子。例字:

鼻 金文🀄 从自畀聲。呼吸兼嗅覺的鼻子。

息 甲骨文🀄 上自下心。本義呼吸、喘氣。

臭 甲骨文🀄 从犬从自。狗鼻子對气味最靈敏,本義用鼻子辨气味。嗅的本字。後來專指難聞的气味。另造嗅表示聞味。

嗅 甲骨文🀄 从臭(嗅的本字)从口。用鼻子辨气味。

咱 甲骨文🀄 从口从自會意。自己稱呼自己。

69. 耳

《說文》:"主聽者也。象形。"譯:負責聽音的器官。字形象耳廓形狀。

甲骨文🀄 耳朵的象形。例字:

耷 金文🀄 从耳从大。本義耳朵大。

取 甲骨文🀄 右手拿一隻耳朵之形。古代武士割取俘虜左耳以計戰功,稱"獲聝(guó)"。

聊 金文🀄 从耳卯聲。本義耳鳴。引申爲聊天。

耿 甲骨文🀄 从耳从火會意,表示聽得明白,看得清楚。引申爲清白、正直。

聘 金文🀄 从耳甹(pīng)聲。本義訪請、探訪、訪問。

聶(聂) 甲骨文🀄 从三耳會意。本義貼着耳朵悄悄說話。

聾(聋) 甲骨文 🐉 从耳龍聲。沒有聽力。

聲(声) 金文 🜔 从耳殸(qìng)聲。本義聲音。

聖(圣) 金文 🜕 从耳从口从人。本義聰明的人，後來指具有最高智慧和道德的人。

聞(闻) 甲骨文 🜖 一个人手捂嘴又突出耳。本義聽見。

恥(耻) 甲骨文 🜗 从耳从心。本義恥辱。

聯(联) 甲骨文 🜘 从耳从絲。本義連接。

聰(聪) 金文 🜙 从耳悤聲。本義聽覺(靈敏)。

職(职) 甲骨文 🜚 从耳从戠。本義標記，假借爲職務。

70. 聽(听) 🜛

《說文》:"聆也。从耳悳(zhí)，壬(tīng)聲。"譯：聆聽。从耳悳(zhí)會意，用壬作聲旁。

甲骨文 🜜 一个耳朵兩張嘴，从口耳會意爲聽說，引申爲聽从。金文 🜝 在甲骨文的基礎上又加了壬。隸定之後，兩个口變成了悳。

71. 目 目

《說文》:"人眼也。象形。重童子也。"字形象眼睛的形狀。突出了瞳孔形象。

甲骨文 🜞 眼睛的象形。字形變化是由橫畫變成竪寫，但作偏旁時尚有保留橫畫者。例字:

盲 甲骨文𥉂 从目亡聲。没有視力。

眼 金文𥆞 从目从艮(gèn)，本義眼睛。

直 甲骨文𥄂 目光直射，本義直視。因爲正直的人敢於正視別人，又引爲正直的"直"。

相 甲骨文𥌏 用目觀察樹木。本義察看。引申爲輔佐，同時輔佐的人也可稱"相"。

省 金文𥌃 省、眚古爲一字。字形从目生，是睜大眼睛注目的樣子。本義視察、觀察，故對自身行爲的觀察爲"反省"。後來當減省的"省"講。又被借爲省市之"省"。

看 金文𥊹 手下目會意，本義遠望、遠眺。

盼 甲骨文𥆚 从目从分。眼睛黑白分明。引申爲盼望。

睹 甲骨文𥉌 从目者聲。看見。

督 甲骨文𥌚 从目叔聲。本義仔細看。

睡 金文𥇥 从目从垂。坐着打瞌睡。引申爲睡覺。

眷 金文𥅮 从目关(juàn)聲。本義回頭看，引申爲關心、懷念。

72. 眉 𥌀

《説文》："目上毛也。从目，象眉之形。上象額理也。"譯：眼睛上部的毛髮。用"目"作邊旁，象眉毛的形狀，上部褶皺象額頭的皺紋。

甲骨文𥃩 眉毛的象形。

73. 瞿 瞿

《説文》:"鷹隼之視也。从隹从䀠,䀠(jù)亦聲。"譯:瞿,鷹隼逼視的樣子。字形用隹、䀠會意,䀠也是聲旁。

金文 瞿原作䀠,本義二目驚視的樣子。後來加隹爲"瞿"。義爲鷹隼逼視的樣子。

74. 艮(gèn)

《説文》:"很也。从匕目。匕目,猶目相匕,不相下也。"譯:艮,很,回望怒視。字形用匕、目會意。匕目,目光相逼視而不相讓。

金文 从立目从反人。本義怒視。是很、狠、恨的初文。小篆加形旁後分開。例字:

很 金文 从彳从艮(怒視)。本義不聽从、違逆。借爲程度副詞。

狠 甲骨文 从犬从艮。本義狗群爭鬥時的吠叫聲,引申爲兇狠。

恨 金文 从心从艮。本義心中不滿,引申爲怨恨。

75. 見(见)

《説文》:"視也。从目儿。"譯:看。用儿目會意。

甲骨文 人頭上突出眼睛,本義看見。目字由橫寫變成豎寫,約完成於戰國時期。例字:

視(视) 甲骨文 从見示聲。本義看。

規(规) 甲骨文 从夫从見。會意爲合乎法度。

覺(觉)　甲骨文 [字] 从見,學省聲。本義覺悟、明白。
親(亲)　甲骨文 [字] 从見亲聲。本義感情深、關系近。
覽(览)　甲骨文 [字] 从見从監,監亦聲。本義看。
觀(观)　金文 [字] 从見雚聲。本義仔細看。
覘(觇)　金文 [字] 从見占聲。本義窺視。

76. 望 [字]

《說文》:"出亡在外,望其還也。从亡,壬省聲。"
譯：對外出流亡的親人，期望他們返回家鄉。字形用亡作形旁，用有所省略的"壬(wàng)"作聲旁。

甲骨文 [字] 一人站在高處，突出目。本義向遠處看。後加月。

三、口動類漢字

77. 口 ㄩ

《說文》："人所以言食也。象形。"譯：人們用來說話、吃飯的器官。象形字。

甲骨文 ㄩ 象人口之形，也代表一切"口兒"。

例字：

叫 甲骨文 㘛 从口丩聲。本義高呼。

叼 甲骨文 叼 从口刀聲。極其貪吃。

另 金文 ㄌ 从口刀會意。本義命令。借爲另外。

吐 甲骨文 吐 从口土聲。从嘴裏吐出。

吮 甲骨文 吮 从口允聲。合攏嘴唇吸。

吊 金文 吊 从口从巾。古籍裏多用作慰問、追悼等義。

吶 金文 吶 从口从内。話在口內說不出。

吟 甲骨文 吟 从口今聲。呻吟、吟誦。

嘴 甲骨文 嘴 从口从觜（zuǐ 象角狀的鳥嘴）。本義鳥嘴。

唇 甲骨文 唇 从口辰聲。本義嘴唇。

含 甲骨文 含 从口今聲。口有所銜。

和 甲骨文 和 从口禾聲。本義相呼應。引申爲和諧、和順。

呈 金文 呈 从口壬(tīng)聲。本義匯報、呈送。

唐 甲骨文😀 金文😀 皆爲上庚下口。庚是康(糠)的本字，糠是空穀殼。所以唐的本義是大而不實的話，如荒唐。

吞 金文😀 从口天聲。本義下咽。

台 金文😀 从口㠯聲。怡的本字。"臺"與"台"沒有任何關系，但是被簡化成"台"。

吾 金文😀 从口五聲。自稱，我。

哉 金文😀 从口𢦏聲。表示言語間歇的語气詞。

知 金文😀 从口从矢。對熟知的事物象箭一樣脫口而出，本義知道。

召 甲骨文😀 从口刀聲。本義呼叫。

呆 金文😀 从口从木。表示張口結舌，呆若木頭，本義頭腦遲鈍，不靈敏。

哀 金文😀 从口衣聲。本義憐憫。

唯 金文😀 从口隹聲。答應的聲音。借指單單、只有。

哨 甲骨文😀 从口肖聲。撮口使气流不容孔隙而發出樂聲。

吃 甲骨文😀 从口气聲。本義口吃、結巴。借爲吃東西。

味 甲骨文😀 从口未聲。本義滋味。

啻 金文😀 从口帝聲。本義僅、只。

售 甲骨文😀 从口雔省聲。本義賣出手。

41

咄 金文叫 从口从出會意。本義呵斥。

呼 金文呼 从口乎聲。向外吐气。

咨 金文訊 从口次聲。商議事情。

喝 甲骨文喝 从口曷聲。本義大聲呼喊。借爲飲水。

吴(吴) 金文 从大(人)从口。本義大聲説話。

嘆(叹) 金文嘆 从口，歎省聲。本義感嘆、嘆息。

問(问) 甲骨文問 从口門聲。本義詢問。

訊(讯) 甲骨文 一口和一个戴枷的人，會意爲一个人正在審問一个犯人。本義審問。

嚚(嚣) 甲骨文 許多口圍着一个人説，本義喧嚚、喧嘩。

罵(骂) 金文 从叩(xuān 大聲)馬聲。本義謾罵沿用至今。

嚴(严) 金文 从叩厰(yín)聲。教訓、命令，督促緊急。

78. 兑(兑)

《説文》："説也。从儿㕣(yǎn)聲。"譯：兑，説服。字形用儿作形旁，㕣作聲旁。

甲骨文 下面人形，上面突出人笑時的口型，悦的本字。本義高興。被借爲八卦卦名之後，另造形聲字悦。例字：

悦 甲骨文 从兑(高兴)从心。本義高興。

42

説(说) 金文 䛗 从言从兑。本義解釋説明。

79. 古 古

《説文》:"故也。从十口,識前言者也。"譯:古,故舊。字形用十、口會意。表示能記憶前事的人。

甲骨文 古 古从十是指開天闢地的時代,从口表示講述。所以"古"是講述開天闢地時的事情。

80. 今 今

《説文》:"是時也。从亼(jí)从乁(yí)。乁,古文及。"譯:今,此時。字形用亼、乁會意。乁是古文寫法的"及"。

甲骨文 今 今是含的本字。上方是倒口,下方一横表示嘴裏含的東西。借指此時。

81. 合 合

《説文》:"合口也。从亼(jí)从口。"

甲骨文 合 象器皿與其蓋相合之形。本義相合。

82. 只 只

《説文》:"語巳詞也。从口,象气下引之形。"譯:句末語气詞。用口作形旁,象口中的气向下呼出的形狀。

金文 只 气巳下咽,表示話説完了。這個"只"是用在句末,表示句子完結的語气詞。作爲虚詞"只有一个"的"只",是假借義。"衹(僅僅)""隻(量詞)"和這個"只"無關,後來都簡化爲"只"了。

83. 可

《說文》:"肯也。从口丂(kǎo),丂亦聲。"譯:肯定。用"口、丂"會意,"丂"也是聲旁。

甲骨文 可見不从口丂而是从口乃,表許可之意。例字:

奇 金文 从大从可。本義特異。

叵 金文 从反可。本義不可、行不通。

哥 金文 从二可會意,表示聲聲相續。哥是歌的本字。本義唱歌,借指哥哥。

歌 甲骨文 从哥从言(金文後从欠)。本義唱歌。

84. 舌

《說文》:"在口,所以言也,別味者也。从干口,干亦聲。"譯:舌,在口中用以言説、辨味的器官。字形用口、干會意,干也是聲旁。

甲骨文 舌 舌的象形。例字:

甜 甲骨文 从舌从甘會意。本義甜味。

舐(shi) 金文 从舌从占會意。本義以舌舔物辨味。

85. 告

《說文》:"牛觸人。角箸橫木,所以告人也。从口从牛。"譯:告,牛用角撞人。古人在牛角上繫橫木,用來防止牛撞人。字形用口、牛會意。許慎認爲告从口从牛,解釋的卻很離奇。應該是从舌。

甲骨文 🙂 可見从舌上一丨，与牛無關，舌發出的聲音，當然是告訴義。

86. 曰 㠯

《說文》："詞也。从口乙聲。亦象口气出也。"譯：措詞。用口作形旁，乙作聲旁。也象口气外出的樣子。

甲骨文 曰 口上加一道，表示从口中出來的气。本義說話。例字：

曷 金文 从曰匃（丐）聲。曷同何，本義什麼、爲什麼。

曹 甲骨文 从曰从棘（cáo）。本義指訟案中的原被告雙方。引申爲群、輩。

皆 甲骨文 从比从曰。人人都這樣說，本義都。

替 金文 兩人同曰。本義同樣，引申爲替代。

87. 同 㠯

《說文》："合會也。从冃（mǎo）从口。"譯：會合。字形用"冃、口"會意。許說有誤。

甲骨文 可見从凡从口。所有人發同樣的聲音，本義共同。

88. 哭

《說文》："哀聲也。从吅（xuān），獄省聲。"許慎之說語焉不詳。

甲骨文 應該是从犬（甲骨文 ）从吅（喧）。

45

本義指犬嘷，其聲若哭。

89. 喪(丧) 𠷔

《説文》："亾也。从哭从亾(亡)會意。亾亦聲。"譯：喪，失去親人。用哭、亡會意。亡也是聲旁。

甲骨文 𠷔　四口(眾人)圍繞亡人大哭。本義失去親人。

90. 僉(佥 qiān) 僉

《説文》："皆也。从亼(jí)从吅(xuān)从从。"譯：都。用亼、吅、从會意。

金文 僉　从亼、吅、从會意爲合集眾口。本義(大家)都。

91. 乃 𠄎

《説文》："曳詞之難也。象气之出難也。"譯：乃，出聲、説話很難。字形象語气出口很難的樣子。

甲骨文 𠄎 用彎曲的筆道表示出气之困難。在古文獻中可作代詞、副詞、連詞、發語詞，也相當今天的系詞表示判斷。

92. 亏 亐

《説文》："於也。象气之舒亏。从丂(kǎo)从一。一者，其气平之也。"譯：亏象口气舒展平直。从丂从一會意。丂，气欲舒出。一表示出气平直。

甲骨文 亐 人吁气之意。後借爲虛詞，省形作"于"。例字：

吁 金文吁 从口从亏會意。本義驚嘆、嘆息。

93. 兮 兮

《說文》:"語所稽也。从丂(kǎo),八象气越亏也。"譯:説話時作較長停頓。用丂作形旁,上部的"八",象气息越來越亏缺。

甲骨文兮 丂上加八,顯示出气痛快,表示感嘆之語气,與今天的"啊"相似。例字:

乎 金文乎 从兮上加一橫,象聲气上升越揚的形狀多作語气詞。

94. 號(号) 號

《說文》:"痛聲也。从口在丂上。"譯:痛哭聲。用口在丂上會意。

甲骨文号 从口在丂(kǎo)上。丂(亏)表示气出受阻,但因气盛終於沖破阻礙而出。本義疼痛時的呼喊。小篆開始加虎旁,表示如虎嘯般大喊。簡化字回到本字。

95. 平 平

《說文》:"語平舒也。从亏从八。八,分也。"譯:平,語調平舒。字形用八、亏會意。八就是分。

金文平 受阻之气被分散,所以語平舒。本義气舒緩。又指不傾斜。

96. 言 言

《說文》:"直言曰言,論難曰語。从口辛聲。"譯:

直説叫"言",爭論辯駁叫"語"。用口作形旁,用辛作聲旁。

甲骨文 圉 口裏伸出舌頭之形,意爲口發聲。

例字：

讓(让) 金文 䜤 从言襄聲。本義責問。

誰(谁) 金文 䧳 从言隹聲。什么人。

討(讨) 金文 尌 从言从寸。本義聲討、討伐。

論(论) 金文 侖 从言侖聲。辯析證明。

詳(详) 金文 䚻 从言羊聲。本義審議。引申爲詳細。

證(证) 甲骨文 䇎 从言登聲。本義直言相諫。

計(计) 金文 計 从言从十。本義計算。

訛(讹) 金文 訛 从言从化。話被改變,本義謠言。

許(许) 甲骨文 許 从言午聲。本義允許。

諸(诸) 甲骨文 諸 从言者聲。本義辯論。

護(护) 甲骨文 護 从言蒦聲。本義救助、護衛。

謳(讴) 金文 謳 从言區聲。齊聲歌唱。

諱(讳) 金文 諱 从言章聲。因回避禁忌而不敢言及。

講(讲) 金文 講 从言冓聲。談和,議和。

記(记) 甲骨文 記 从言己聲。本義標注。

訓(训) 金文 訓 从言川聲。本義説教。

訌(讧) 金文 訌 从言工聲。大聲爭吵,秩序混亂。

設(设) 甲骨文𠭣 从言从殳(shū 役使)。本義佈置陳列。

識(识) 甲骨文𧥛 从言(或音)从戈會意。本義認識標記(族徽、旗幟等)。

訴(诉) 金文𧧺 从言从斥。本義告訴、訴說。

該(该) 金文𧬍 从言亥聲。本義軍中士兵必須遵守的條例。引申爲應該。

詩(诗) 甲骨文𧦧 从言寺聲。詩歌是心志的流露。

語(语) 金文𧪾 从言吾聲。本義與人談話。

誠(诚) 金文𧪜 从言成聲。本義說實話。

談(谈) 金文𧫢 从言炎聲。本義對話交流。

請(请) 金文𧬄 从言青聲。本義請求。

讀(读) 金文𧮪 从言賣聲。朗誦詩書經文。

謄(誊) 甲骨文𧭲 从言朕聲。轉錄、抄寫。

課(课) 金文𧫙 从言果聲。本義考試。引申爲教學科目。

䜌(luán) 甲骨文𢆶 从言从絲。本義不停地說、亂說。

諫(谏) 金文𧪞 从言柬聲。本義直言規勸。

詹 金文𧥺 从言从危。本義提醒。

誓 金文𧩯 从言折聲。本義告誡將士的言辭，引申爲誓言。

警 甲骨文㪽 从言从敬，敬亦聲。本義告誡。
譽(誉) 甲骨文㪽 从言與聲。本義稱贊。
訇 金文㪽 从言，匀省聲。本義驚叫聲。
信 甲骨文㪽 从人从言。本義誠實。

97. 音 㪽

《説文》："聲也。生於心，有節於外，謂之音。宮商角徵羽，聲；絲竹金石匏土革木，音也。从言含一。"譯：樂聲。生於内心的相象，在外形成節奏旋律，稱之爲"音"。宮、商、角、徵、羽，表示的是五个聲調；絲、竹、金、石、匏、土、革、木等不同質地的樂器發出的，叫作"音"。用"言"作形旁，象"言"中含"一"。"言""音"在先秦常常通用，二字同名。

金文㪽 与言字同源。例字：

章 金文㪽 从音从十。音樂一曲結束叫一章。
竟 甲骨文㪽 从音从人。樂曲終止叫"竟"。
韶 金文㪽 从音从召。本義有感染力的音樂，指虞舜時期的音樂。引申爲美好。
響(响) 甲骨文㪽 从音鄉聲。本義聲音。
韻(韵) 甲骨文㪽 从音員聲。本義悦耳的聲音。

98. 甘 㪽

《説文》："美也。从口含一。一，道也。"譯：味美。用口作形旁，象口中含一。"一"是"道"的意思。

甲骨文 ⊟ 口中有一道表示食物。食物含於口中舍不得咽下，表示味道甜美，本義甘美、甘甜。

例字：

甚 甲骨文 從甘從匕，甘於女色（沉湎於女色）。本義色情過分，故有過分、極端之義。小篆中的甚誤爲從匹從甘。

99. 旨

《說文》："美也。從甘匕聲。"譯：味道甘美。用甘作形旁，用匕作聲旁。

甲骨文 從匕（飯匙）從甘。吃到嘴裏的美味，本義味美。例字：

嘗（尝） 金文 從旨尚聲。親口品味食物的味道。

100. 牙

《說文》："壯齒也。象上下相錯之形。"

金文 字形象兩白齒相咬之形。指大牙、白齒。

101. 齒（齿）

《說文》："口齗骨也。象口齒之形，止聲。"譯：齒，口腔中用來咬斷骨頭、嚼食的器官。字形象口齒之形，止是聲旁。

甲骨文 牙齒之形。後來加止作聲旁。

102. 欠

《說文》:"張口气悟也。象气从人上出之形。"

譯:欠,象人張口打呵欠。象气息從人的頭上發出的樣子。

甲骨文 象一人張大嘴打呵欠之形。打呵欠說明人精神欠缺,故以爲"欠缺"的"欠"。例字:

欣 甲骨文 从欠斤聲。本義歡笑。

欲 甲骨文 从欠谷聲。本義貪欲。

欺 甲骨文 从欠其聲。本義欺騙。

吹 甲骨文 从欠从口。本義吹气。

款 甲骨文 从祟从欠。會意爲懇求避災。本義誠懇,如款待。

歇 甲骨文 从欠曷聲。本義休息。

次 甲骨文 象一个人唾沫飛濺在罵人的樣子,佽的本字。後被借爲不前進、不好。

歐(欧) 甲骨文 从欠區聲。本義嘔吐,嘔的本字。

歡(欢) 甲骨文 从欠雚聲。本義歡呼。

四、手動類漢字

103. 手 ᚐ

《説文》："拳也。象形。"譯：手，可以握成拳。字形象五指張開的手。

金文 ᚐ 一隻手的象形。作偏旁寫作"扌"，稱提手，或寫作"手"。例字：

拜 金文 𢪙 兩手合並施禮之意。

掌 甲骨文 𤓯 从手尚聲。本義手心。

拳 甲骨文 𢮦 从手从廾，廾亦聲。本義拳頭。

拿 金文 𢪒 从手从合。會意爲合手握持。

掰 金文 𢪐 从兩手从分。會意爲用兩手分開。

摩 甲骨文 𢪒 从手麻聲。本義用手掌將東西研細。

攀 甲骨文 𢮦 从二手樊聲。象兩手抓住樹枝攀爬的樣子。

擊(击) 甲骨文 𢾗 从手毄聲。本義持械打殺。

舉(举) 甲骨文 𦥑 从手與聲。又象五隻手共同托舉一物。本義舉起、托舉。

摯(挚) 甲骨文 𢪒 从手从執會意。本義握持。引申爲誠懇、親密。

求 金文 𢆶 上又(手)下手，張開兩手乞求，本義要求。

失 金文 𢆶 从手乙聲。在手而逸去爲失，本義放手。

折 甲骨文 𣂺 以斤(斧)砍木、木折之形。本義折斷。甲骨文字形"斤"在木左右無區別。後來字形才變成从扌从斤，而且"斤"一定在右邊。

拆 金文 𢪘 从手从斥會意。本義拆開。

抓 甲骨文 𤔲 从手从爪。本義抓撓、握住。

打 金文 𢩩 从手从丁。本義敲擊。

投 甲骨文 𢽾 从手从殳(shū)。本義投擲。

持 金文 𢪉 从手寺聲。本義抓握。

提 金文 𢫎 从手是聲。本義提起。

拙 金文 𢪊 从手出聲。本義笨拙。

把 甲骨文 𢪇 从手巴聲。本義緊握。引申爲緊握，再引申爲緊握的東西，如手柄、車把、權力等。

拉 甲骨文 𢫎 从手从立(人)。把站立的人扳倒。本義摧折。

操 甲骨文 𢫾 从手喿(cāo)聲。本義手拿。

括 甲骨文 𢫕 从手舌聲。本義捆紮，引申爲包括。

拔 甲骨文 𢪊 兩手緊握一木向上提起。本義拔起。原本是會意字，後來變成从手友聲的形聲字。

指 甲骨文 𢫝 从手从旨，旨亦聲。旨是美味，遠古人沒有筷子，用手指嘗美味。本義手指。

掠 金文 𢫬 从手从京。本義掠奪。

捌 甲骨文 𢪊 从手从別會意。本義用手分開。借爲八的大寫。

措 甲骨文🅇 从手昔聲。本義擺放、安放。
技 甲骨文🅇 从手支聲。本義技能、技巧。
抽 甲骨文🅇 从手从由。本義抽出。
排 金文🅇 从手非聲。本義推開。
損(损) 金文🅇 从手員聲。本義減少。
報(报) 甲骨文🅇 一手抓住一个戴枷的罪人之形。本義判罪。

104. 又

《说文》："手也。象形。三指者，手之列多略不過三也。"譯：手。象手抓握的形狀。字形只畫三根手指的原因，是五根手指排列起來太多，因此略去其二，使字形上手指不超過三個。

甲骨文🅇 手的象形，右的本字。本義幫助，後來當幫助講的"右"寫成"佑"，右才成爲"右邊"的"右"。作偏旁時寫作"又"，有時也寫作"夂"。

例字：

術(术) 甲骨文🅇 术是術的本字和簡化字，本指手的活動技巧。後加行成術。引爲技術。
右 甲骨文🅇 金文🅇 从口从又。本義幫助、輔助。
叉 甲骨文🅇 手指間有東西。本義手指相交錯。
友 金文🅇 从兩隻右手，象兩人交手相握。表示二人互相幫助。本義朋友。
夬(guài) 小篆🅇 象兩手折一物。本義折斷。

及 甲骨文🖼 右手捉住一人，本義逮、趕上。現在說的"及格"，即趕上那條合格的綫，用的是及的本義。

叟 甲骨文🖼 洞內一手執火把之形。古人穴居，在探測新居時持火把的人，即引路人，必是經驗豐富的老年人，故"叟"是對老人的尊稱。

度 甲骨文🖼 从又，庶省聲。本義計量長短的標準。引申爲法度。

隶 甲骨文🖼 从又从尾省。表示从後面追上，用手抓尾。逮的本字。

服 甲骨文🖼 一手按住一人使屈服。本義使屈服。後來加凡作聲旁。金文🖼 凡訛變成舟，舟又變成月。

曼 甲骨文🖼 象兩手張開眼睛，本義展開。引申爲延長。金文🖼 加冃(mào)做聲旁。

獲（获） 甲骨文🖼 从又从隹从禾从艸會意。本義獲得（獵物、糧食、蔬菜）。

105. 對（对）🖼

《說文》："譍無方也。从丵(zhuó)从口从寸。對或从士。漢文帝以爲責對而爲言，多非誠對，故去其口以从士也。"譯：對，回答問題不拘泥方法。字形用"丵、口、寸"會義。對或許从士。漢文帝認爲，在被責問的情況下回答問題，多半不是誠實的回答，所以去掉"對"字的"口"字旁，而用"士"

作形旁。

甲骨文𢆶 手握燭臺之形，表示向着、對着。引申爲對答。

106. 尤 𡴎

《說文》："尤，異也。从乙又聲。"譯：特異。字形用"乙"作形旁，用"又"作聲旁。

甲骨文𠂇 又(手)上加一短橫，表示不能做。本義過失、過錯。引申爲責怪。

107. 叔 𣂂

《說文》："拾也。从又尗(shū)聲。"譯：收拾。用又作形旁，尗是聲旁。

金文𣂂 象一隻手在豆株下拾豆粒，本義拾取。

108. 𦘒(qiān) 𦘒

《說文》："堅也。从又臣聲。"譯：握得緊。用又作形旁，臣是聲旁。

甲骨文𦘒 从手从目。指順從又能干的奴隸，引申爲有德有才的人。賢的本字。例字：

賢(贤) 甲骨文𦘒 从目从手。指順從又能干的奴隸，後加貝。引申爲好、善。

堅(坚) 甲骨文𡋤 从𦘒从土，𦘒亦聲。本義堅硬、堅固。

豎(竖) 甲骨文𧯯 从𦘒从豆。本義直立。

緊(紧) 甲骨文𦈢 从𦘒从糸。本義絲弦拉緊。

109. 左 ⿰

《说文》:"手相左也。从ナ(zuǒ 左手)工。"譯:出手相助。用"ナ、工"會意。

甲骨文 ⿰ 左本是動詞,輔佐之"佐"的本字。後來借爲左右的"左",才又造出"佐"字。

110. 卑 ⿰

《说文》:"卑賤也。執事也。从ナ(左手)甲。"譯:卑,地位低賤。被迫勞作。用ナ、甲會意。古者尊又(右)而卑ナ(左)。故从ナ在甲下。

甲骨文 ⿰ 象奴僕拿大扇子服侍主人的形象。引申爲卑賤。例字:

婢 金文 ⿰ 从女从卑,卑亦聲。女人中地位低下的人。

111. 父 ⿰

《说文》:"矩也。家長率教者。从又舉杖。"譯:父,是規矩的代表,是一家之長,是帶領、教育子女的人。用又作形旁,象一手舉杖教訓子女的樣子。

甲骨文 ⿰ 手執棍之形。同許說。例字:

爺(爷) 甲骨文 ⿰ 从父耶聲。本義父親。後專指爺爺。

爹 金文 ⿰ 从父多聲。本義父親。

112. 反 ⿰

《说文》:"覆也。从又,厂反形。"譯:翻轉手掌。

字形用又、厂會意,"厂"象手掌翻轉的樣子。

金文 与正相對,正爲从一止(足),則反从厂又(手)。例字:

叛 金文 从半从反,反亦聲。本義背叛。

返 金文 从辵(chuò)从反,反亦聲。本義回還。

113. 有

《説文》:"不宜有也。从月又聲。"許慎認爲"有"是指不應該的持有。

甲骨文 卜辭中"有"和"又(右)"是同一个字。而金文 字形是右手持肉,本義取得、占有。有無之"有"是後起義。

114. 史

《説文》:"記事者也。从又持中。中,正也。"譯:宮中負責記錄重大事件的官員。用又作形旁,象一手持"中"。中,表示記錄的客觀公正。

甲骨文 又(右手)持中。中(中),有人認爲是簡冊,有人以爲是盛簡冊之器,有人認爲是倒筆。都表明"史"是掌管文書的官。古"史、使、吏、事"四字同源。卜辭中"史""事"同字。"吏"是"使""事"的簡化寫法。例字:

吏 甲骨文 从一从史,史亦聲。管治百姓的人。

事 甲骨文 从一从史。本義當差、做事。

使 金文 从史从人。讓別人做事。

115. 尹 ᄏ

《說文》:"治也。从又丿,握事者也。"譯:治理。用"手、丿"會意,表示一手掌握萬千事務。

金文 ᄏ 右手執筆掌權的人,官名。例字:

君 金文 ᄏ 从尹从口會意。手執權杖且口中發令者本義君主。

伊 甲骨文 ᄏ 从人从尹。古代文治天下的人。

116. 聿 肃

《說文》:"所以書也。楚謂之聿,吳謂之不律,燕謂之弗。"譯:聿,書寫的工具。楚國稱之爲"聿";吳國稱之爲"不律";燕國稱之爲"弗";秦謂之"筆"。

甲骨文 肃 右手執筆之形,筆的本字。例字:

肅(肃) 金文 肅 象是聿在 (淵)上,如臨深淵,戰戰兢兢。本義態度恭敬。

書(书) 甲骨文 書 从聿者聲。把文字刻劃或寫畫在竹簡上。本義書寫。

筆(笔) 甲骨文 聿 同聿。後來加竹變成筆。簡化的笔又是毛笔的會意。

畫(画) 甲骨文 畫 用筆隨意畫出綫條。

律 甲骨文 律 从彳(chi)从聿(右手執筆),指頒佈通行的命令,本義法律。

117. 寸 ᄏ

《說文》:"十分也。人手卻一寸,動脉謂之寸口。

从又从一。"譯：十分。由手掌後退一寸的動脈位置，叫作"寸口"。用手、一會意。

　　金文㝈　右手下加一个指示符，指出離手掌一寸的動脈所在之處。本義一寸。古人計量長度的單位最常見的都與身體有關：一尺約爲成人小臂的長度，一尺等於十寸；一寸約爲手腕關節到寸口的長度。从寸的字其實都从又(右手)。例字：

封　甲骨文𡥀　右手拿樹苗種植於土中之形，本義是種樹。古代貴族在受國君冊封之後，在分給自己的疆土邊界上植樹以劃清疆界，這就是"封邦建國"，簡稱"封建"。所以"封"的本義是種樹分疆。後來又引申爲邊界、封疆，名詞。

付　甲骨文𠂇　从人从寸會意。一手拿東西與人。本義交給。

寺　金文㞢　从寸从止。持的本字。後借指官署，多指廟宇。

尉　甲骨文𡰪　从手从火从𡰣，手持火加熱的熨斗熨平衣服。熨的本字。被借爲官名後又造形聲字熨。

尋(寻)　甲骨文𡨄　从兩手一口一工，會意爲寻找工具。

奪(夺)　甲骨文奪　从又从隹(zhuī)。一手抓一隻挣扎的鳥。本義強取。

導(导)　甲骨文導　从道寸，道亦聲。本義帶領，引導。

118. 專(专)

《説文》:"六寸簿也。从寸叀(zhuān)聲。"从寸叀(zhuān)聲很明顯,但許慎釋"專"爲六寸厚簿子,卻不知何故。應該是上叀下寸(手)。叀的甲骨文 紡錘之形,一種把毛、麻等纖維撐成綫繩的器具,民間俗稱撥吊子。

甲骨文 用手轉動叀以紡絲綫的意思。轉的本字。例字:

轉(转) 甲骨文 从車从專。本義運輸。
傳(传) 甲骨文 从人从專,專亦聲。本義送信。

119. 攴(pū)

《説文》:"小擊也。从又卜聲。"譯:擊打。用"又"作形旁,"卜"作聲旁。

甲骨文 右手執棍敲打之形。作偏旁時也寫作"攵"或"攴"。例字:

寇 金文 外來的人右手持棍打屋内的人,意思有兩個:一個是名詞"外寇",即外來的敵人;另一個是動詞"侵入"。

更 金文 上丙下攴。本義更改。

改 甲骨文 手執棍子敲打小孩之形。本義教小孩改過。

敬 金文 左邊是口,中間是牧羊人,右邊是攴。

本指牧羊時的吆喝、驅趕。引申爲恭敬、慎重。

收 甲骨文 🅐 从攴丩(jiū)聲。本義逮捕。

效 金文 🅐 左邊一个恭敬站立的人，右邊一个攴(一手執棍敲打)。早期人類教育孩子之形，本義學習、模仿。

攸 甲骨文 🅐 手持棍子打人之形。悠的本字，本義憂愁。

敏 甲骨文 🅐 从攴每聲。動作快捷。

叙 甲骨文 🅐 从攴余聲。本義次序。

敢 甲骨文 🅐 手拿樹枝，口中吆喝。趕的本字。借爲勇敢。

散 甲骨文 🅐 从攴从㯃(pài)。㯃是制取麻纖維的植物大麻。㯃要經過敲打使麻秆和麻皮分离，才好剝取麻纖維。本義散開。後加月旁，表示在夜晚加工麻。

整 金文 🅐 从攴从束从正，正亦聲。本義使平齊。

政 金文 🅐 从攴从正。會意爲用強力手段讓人走向一个方向。本義政治。

教 甲骨文 🅐 从攴从子爻聲。以強制手段(从攴)教育後代之意。

毀 甲骨文 🅐 从攴从臼从人。一手拿棍要打碎另一人的飯碗。本義毀壞。

敲 金文 🅐 从攴高聲。橫擊爲敲。

敵（敌）金文 𢿑 从攴啻聲。表示敵對雙方根本利益衝突，本義仇敵。

殼（壳）甲骨文 𣪊 左邊象一口吊起的大鐘，右邊的殳（同攴）是手持鐘槌敲擊。本義是大鐘之類樂器或敲鐘鼓之類從上往下敲。引申爲堅硬的外殼。

變（变）甲骨文 𥾆 从攴䜌（luán）聲。本義變更。

敗（败）甲骨文 𣔻 从攴貝。本義毀壞寶物。引申爲失敗。

數（数）甲骨文 𢿙 从攴婁聲。本義計算。

120. 丈 㞢

《說文》："十尺也。从又持十。"譯：丈，十尺的長度。象手持"十"進行丈量。

金文 㞢 手拿尺之形。本義丈量。例字：

仗 甲骨文 𠆳 从人从丈。本義拿着。

121. 爪 爪

《說文》："丮（jí）也。覆手曰爪。象形。"譯：爪，用手抓持。手掌下覆時叫"爪"。

甲骨文 爪 一手抓拿之形，抓的本字。作偏旁時多在字的上部。例字：

采 甲骨文 𤓫 上爪下木，手采摘木上果實之形，本義采摘。後來引申爲采取之意。

受 甲骨文 𤕝 一隻手拿着一个東西交給另外一隻手，古文獻中"施受同辭"，故受、授同字，都寫作

"受"。加"扌"的"授"是後起字。

奚 金文 𡕒 一个人的頭被繫上繩子，被一隻手牽着，本義奴隸，多指女奴。後被借爲疑問代詞。

爭(争) 篆文 𤔔 兩手爭奪一个東西，本義爭奪。

亂(乱) 甲骨文 𤔔 上下兩手正在整理一束亂絲。本義紊亂。引申爲不安定。

覓(觅) 甲骨文 𧠡 从爪从見會意。睜大眼睛翻找(東西)，本義尋找。

122. 丮(jí) 𠬞

《說文》："持也。象手有所丮據也。"譯：持握。象手抱握東西。

甲骨文 𠬞 一人雙手有所持的姿勢。金文中作"持""執"用，握持之義。作偏旁時寫作"丸"或"丮"。例字：

巩 金文 𢀜 从工从丮。象雙手捧工之形(工字這裡是雙玉之形)，有保護好不要失去的意思，後來引申爲"鞏固"之意。

筑 金文 𥱻 从竹从土从丮會意，竹兼表聲。古代筑牆，先立兩行夾板，中間填土夯實。本义筑牆。

執(执) 甲骨文 𡘾 从幸(niè 甲骨文 𡴀 木枷之形)从丮(jí)。用桎梏銬住罪人雙手之形，本義是抓住罪人。後來"執"的詞義才擴大成爲"捕捉"的意思。

藝(艺) 甲骨文🌱 藝原作埶(shi)，象一个人跪在地上，手捧樹苗栽種，本義種植。金文🌱 在甲骨文的基礎上加了土，種植的意思更明顯，後來又加艹。引申爲園藝。

123. 鬥(斗) 🥊

《說文》:"兩士相對，兵杖在後，象鬥之形。"譯：兩个士兵手執兵器對打之形，象搏鬥的形狀。

甲骨文 🥊 兩人相鬥之形。本義搏鬥。与斗(容器)無關，但簡化爲斗。例字：

鬧(闹) 甲骨文 🥊 从市从鬥。本義在集市上爭吵、打鬧。

124. 廾(gǒng) 🙏

《說文》:"竦手也。从ナ(左手)、又(右手)。"譯：拱手，用左右手相對會意。

金文 🙏 象拱手形，拱的本字。作偏旁時作"廾""大"等形。例字：

尊 甲骨文 🍶 从酋从廾。雙手捧酒器敬酒。引申爲尊敬。

具 金文 🍱 从廾从貝。本義一起置辦。

契 金文 🙏 从大(廾)从韧(刻)。雙手刻(寫)。本義正式的協約文件。

樊 金文 🌿 用雙手將荆條編成籬笆。本義樊籠、樊籬。

戒 金文🀄 雙手持戈形，本義戒備、警戒。

奉 甲骨文🀄 雙手捧一幼苗之形。捧的本字。本義敬承。

承 甲骨文🀄 用雙手托人之形，篆書🀄多隻手托一个人之形。有兩个意思：从托人者的角度爲"奉承"的"承"；从被托的人來說，有承受、承接的意思。如"繼承"的"承"就是"承接"的意思。在古漢字中，一个字从兩个不同的角度說解字義的現象是屢見不鮮的，這就是所謂的"施受同辭"。

丞 金文🀄 同承，雙手托舉一人，本義拯救。

泰 甲骨文🀄 从廾(gǒng)从水。象雙手在水上洗的樣子。同汰，本義洗濯。借爲安定、美好。

奏 甲骨文🀄 从夲(tāo)从廾从屮。本義進獻。引申爲奏樂。

棄(弃) 甲骨文🀄 象雙手扔出子(嬰兒)。本義抛棄。

125. 若 🀄

《說文》："擇菜也。从艸从右。右，手也。一曰杜若，香艸。"譯：若，擇揀蔬菜。字形用艸、右會意，右就是手。另一種說法認爲若是"杜若"，是一種香草。

甲骨文🀄 一人用兩手梳理頭髮之形。本義順。後加口成若，是諾的本字。借爲象、比得上。

126. 舁(yú) 𦥑

《説文》:"共舉也。从臼(jiù)廾(gǒng)。讀若余。"
譯：共同舉起，从臼廾會意。讀音同余。

金文 𦥑　衆手並用之形。本義抬、舉。例字：
與(与) 小篆 𦥑　从四手从牙。大約是許多人一起商討，共同出力。本義參與。後來才虛化成連詞。
興(兴) 小篆 𦥑　四隻手(即許多隻手)共同舉起一个重物，本義興起。

127. 共 𠔏

《説文》:"同也。从廿廾(gǒng)。"譯：一同使勁。用"廿、廾"會意。

甲文 𠔏　雙手恭敬地捧着器物，恭的本字。"共同"的"共"是後起義。例字：
巷 甲骨文 𠔏　从共从邑。城市裏供人共同行走的道路。
糞(粪) 甲骨文 𠔏　一手拿掃帚，一手拿簸箕。本義掃除，後來引申爲糞便。

128. 畀(bì) 𢌿

《説文》:"相付與之。約在閣上也。从丌由聲。"
譯：把東西給別人，東西放在几(相當於托盤)上。从丌(jī)由(fú)聲。

甲骨文 𢌿　一个人形，長着鬼頭，張開兩手，做出怪異的嚇人姿勢。異(异)的本字。本義怪異。

借爲給予。

129. 異(异) 㝵

《說文》:"(異)分也。从廾(gǒng)从畀(bì)。"譯:分開。用廾畀會意。

甲骨文 㝵 一个人形,長着鬼頭,張開兩手,做出怪異的嚇人姿勢。本義怪異。被借爲給予後,又加廾(兩手)。

130. 予 㝵

《說文》:"推予也。象相予之形。"譯:"將東西推托給人。字形象用手托付給他人的樣子。"

甲骨文 㝵 同許說。本義給予。借爲代詞"我"。

例字:

幻 甲骨文 㝵 从反予。本義欺詐、迷惑。

舒 金文 㝵 从舍(放松)从予(給予)。本義舒展。

五、足動類漢字

131. 止 ⼧

《說文》："下基也。象艸木出有址。故以止爲足。"譯：止，底部的基礎。象草木長出地面有根莖的基址一樣，所以古人用"止"表示"足"。

甲骨文 ⼧ 左右兩腳之形。後來左腳寫成止，右腳寫成少(dá)。止作停止用以後，又造形聲字"趾"。

例字：

歷(历) 甲骨文 ⿱ 一隻腳从林中走過，金文 ⿱ 加厂，本義經過。

逐 甲骨文 ⿱ 从止(⼧)从豕(⿱)。追逐豕(野豬)等野獸，本義是追逐野獸。

歧 金文 ⿱ 从止从支。走入支路，本義歧路。

追 甲骨文 ⿱ 从止𠂤(duī)聲。本義追逐。金文 ⿱ 始从辵(chuò)。

132. 步 ⿱

《說文》："行也。从止、少(dá)相隨。"譯：行走。意爲左右腳相隨。

甲骨文 ⿱ 从止(左腳)从少(右腳)。左右兩腳各向前邁一次爲一步。人邁步多先出左腳，故止在少上。例字：

涉 甲骨文 ⿱ 一條小河，兩邊各一隻腳。雙腳涉水過河之意。

陟 甲骨文 [字形] 从阜从步會意。本義登山。

133. 之 [字形]

《說文》："出也。象艸過中，枝葉漸益大，有所之也。一者，地也。"譯：之，長出。象植物過了發芽的階段，枝莖日益茁壯，有所擴張。字形底部的指事符号"一"，代表地面。

甲骨文 [字形] 上面人腳，下面一橫，所以是"人所之也"，本義是"往"。雖然後來被借用爲虛詞，但古文中大量保留了這個做動詞的用法。例字：

匝、帀(zā) 金文 [字形] 从反之，把之倒過来就是帀。本義環繞一周。

先 甲骨文 [字形] 从之从人。之在人前，即走在前面的意思。

134. 舛(chuǎn) [字形]

《說文》："對臥也。从止、少(dá)相背。"譯：左腳右腳相對。用左右腳相背會意。本義走路不順。

甲骨文 [字形] 左右兩足相背爲舛，本義乖逆不順。癶(bō)也是雙腳，从止、少相並，有登高義。

例字：

舞 甲骨文 [字形] 象雙手執毛飾起舞之形。無是舞的本字。後來無被借爲否定詞無(无)，才在無下加"舛"以突出"足之蹈之"的意思，於是"無""舞"才分

71

化成兩个字。

桀(jié) 金文𣠳 从舛(chuǎn)从木。兩腳踩在樹上會意高超。

傑(杰) 甲骨文𠐵 从桀从人會意。才智超群的人。

135. 出 ⛢

《説文》:"進也。象艸木益兹,上出達也。"譯:出,長進。象草木漸漸滋生,向上生長出來。

許慎對"出"的解説有誤。

甲骨文 可見,出與腳有關,是腳穿上鞋出門之形。例字:

敖 金文 从出从放會意。本義出游。

136. 此

《説文》:"止也。从止匕(bǐ)。匕,相比次也。"譯:此,腳趾踩着的地方。字形用止、匕會意。匕,表示相並列。

甲骨文 从止从匕(人)。會意爲人腳下的地方。本義這里、此地。例字:

些 金文 从此从二。本義象二這般不多、一點。

137. 韋(韦) 韋

《説文》:"相背也。从舛(chuǎn)。口聲。獸皮之韋(熟皮),可以束物枉戾相韋背。故藉以爲皮韋。"譯:韋,相違背。用舛作形旁,用口作聲旁。獸皮制成的熟皮,可用來綁束矯正彎曲的東西,所以被借用爲表示"皮革"的"韋"字。許慎認爲"韋"是"違"的本字。本義違背。

金文 🗆 (國邑)的四周有四隻腳,有的省寫兩隻腳或三隻腳,表示圍繞的意思。有的字形還加"行"表示在路上巡邏保衛。古"韋、圍、衛"同字。本義圍繞、保衛。例字:

韜(韬) 金文 从韋舀聲。本義皮制的劍套。
韌(韧) 金文 从韋刃聲。柔軟而牢固。
圍(围) 金文 从韋从囗。本義圍繞。

138. 足

《說文》:"人之足也。在下。从止口。"譯:人的下肢,在人體的下部。字形用"止、口"會意。

金文 从止从口。下面是腳,上面口指小腿。本義人的下肢。例字:

跟 金文 从足艮聲。本義腳跟。
跌 甲骨文 从足从失。本義失足跌倒。
路 甲骨文 从足从各。本義大道。
踐(践) 金文 从足戔聲。本義踩踏。
疌 小篆 从足从又。手腳並用,捷的本字。本義迅速。

139. 疋(shū)

《說文》:"足也。上象腓腸(今俗稱爲腿肚子),下从止。"

金文 𤴔 可見疋与足是同一个字。例字：

疏 甲骨文 𤕟 从㐬(shū)从疋，疋亦聲。本義暢通。

140. 正 㱏

《說文》："是也。从止，一以止。"譯：正，糾正，使恰當。用止作字根，指事符號"一"表示阻止。

甲骨文 𠙵 从止从口，即向國邑進伐之意，本義征伐。引申爲糾正，再引申爲正確。从字形看也是足的變體。"足、疋、正"本爲一字，後來才分化爲三個不同意義的形體。例字：

乏 金文 𠂆 反寫的正。本義不正。引爲缺少。

141. 是 昰

《說文》："直也。从日正。"譯：是，正、直。字形由日、正會意。

金文 昰 从日从正。會意爲正大光明。本義正確。

142. 夂、夊

夂(zhǐ)、夊(suī)實爲同一字，象止(左腳)之形，指左腳。"夂"和"夊"的區別在於"夂"的一捺不出頭而"夊"的這一捺出頭。作偏旁時"夂"在字之上，"夊"在字之下。例字：

各 金文 𠙵 上夂下口，有人要進行某事，有人阻止。表示不同个體意見不同。本義各自。

夏 甲骨文 𤴞 一个首、手、足俱全的人形。古代中國人的自稱。《方言》："秦晋之間，凡物壯大謂之夏。"

所以"夏"有"大"的意思。又，草木盛長的季節也叫"夏"。

复 甲骨文𤼩 上面是村鎮，下面是腳。本義走熟悉的路。引申爲重復。

降 金文𨹫 从阜(山)从夂(左足)从牛(kuà 右足)本義从高處下來。

隆 金文𨺅 从降从土會意。本義高起、隆起。

夋 甲骨文𠂤 从夂允聲。行走遲緩的樣子。

愛(爱) 甲骨文𢚓 上夂(左足)中勺(人)下心下牛(kuà 右足)，會意爲愛心要付諸行動，證明愛的本義是愛護。

143. 彳(chì)亍

《說文》："小步也。象人脛三屬相連也。"譯：小步走，象人的大腿、小腿、腳三者相連之形。

金文彳 用半個"行"表示行走之意，多作偏旁。單獨使用只有"彳、亍"，又寫作"踟蹰"。例字：

徒 甲骨文𢓊 从彳从止从土，土亦聲。在土地上行走，即不凭借其他交通工具徒步而行。引申爲僅僅地、白白地等意思，如"徒手""徒勞""家徒四壁"等。

從 甲骨文𨑢 从彳从左右止(腳)。在道路上行走。

得 甲骨文𢔌 手持貝形又从彳，表示於道路上得到貝。本義得到。

往 甲骨文 ⿱ 从止(腳)王聲，本義去。後來加彳成往。

徐 甲骨文 ⿱ 从彳余聲。安穩緩行。

彼 甲骨文 ⿱ 从彳皮聲。由此往外走，本義前往別處，借爲那、那个。

征 金文 ⿱ 从彳从正。本義遠行。

微 甲骨文 ⿱ 一人手拿梳子梳頭髮的樣子，本義細微。後來加彳。

徵(zhēng) 金文 ⿱ 从微省壬(tíng)聲。本義跡象、徵兆。和征没有關系，簡化爲征。

待 甲骨文 ⿱ 从彳从寺(官署)會意。本義等待。

御 甲骨文 ⿱ 一人手拿馬鞭之形，本義駕馭馬車，通馭。後來又加形旁彳。引申爲與皇帝有關的事。

循 金文 ⿱ 从彳盾聲。順路而行。引申爲依照、遵守。

後(后) 金文 ⿱ 足上纏着繩索，表明受到牽制所以走得慢。本義落後。簡化爲"后"，但與后無關。

144. 行 ⿱

《説文》："人之步趨也。从彳从亍。"譯：行，人在路上行走或小跑。字形用彳、亍會意。

甲骨文 ⿱ 十字路口之形。本義是道路，名詞，讀 háng。如《詩經》"置彼周行"(放在周的道路上)。現在之"銀行"即"銀錢通行之路"。在道路上行走也叫"行"，動詞，音xíng。例字：

道 金文𝍘 行(路)的中間是首和足。導(导)的本字本義引導。也指道路。後來又加寸，造形聲字"導"作引導。

街 甲骨文𝍘 从行圭聲。本義四通八達的大道。

衡 甲骨文𝍘 从角从大从行，行亦聲。本義綁在牛角上防牛觸人的橫木。引申爲稱、稱量。

衙 金文𝍘 从行吾聲。本義行進中的行列。借指官署。

疑 甲骨文𝍘 一人站在十字路口張望。本義迷惑。

衛(卫) 甲骨文𝍘 从行韋聲。本義保衛。

145. 德 德

《説文》："升也。从彳(chì)悳(dé)聲"譯：德，境界因善行而升華。用"彳"作形旁，悳作聲旁。悳同惪。

甲骨文𝍘 从彳从直。會意爲正道直行。本義德行。金文𝍘 又加上心，意爲按正確的準則去想、去做。

146. 走 走

《説文》："趨也。从夭止。夭者，屈也。"譯：走，小跑。字形用夭、止會意。表示小跑時人必須收腹彎腰屈背。

甲骨文𝍘 上面的𝍘象人奔跑時擺動雙臂，邁開大步之形。加"止"或加"彳"都是爲了表示在跑動，本義奔跑。成語"走馬觀花"用的是本義。

例字：

起 甲骨文𧺆 从走巳聲。本義獨自站立。

超 金文𧻕 从走召聲。本義跳跃。

趕(赶) 甲骨文𧺆 从走干聲。獸、畜翹着尾巴奔跑。隸書、楷書寫作趕，簡化字又回到本原。

趨(趋) 金文𧼪 从走芻聲。本義小跑。

趙(赵) 甲骨文𧾷 从走肖聲。本義快步走。

147. 辵(chuò) 辵

《說文》："乍行乍止也。从彳(chì)从止。"譯：走走停停。字形用"彳、止"會意。

金文辵 从彳从止會意。本義走走停停。做偏旁時簡化爲"辶"。簡化字中的"辶"由"止""彳""走""辵(走走停停)"演變而來，它們在古代作偏旁時常通用。例字：

追 甲骨文𨒌 从辵从𠂤。𠂤，古"師衆"之"師"字。本義追逐敵師。

逆 甲骨文𨒋 从辵从倒大(人)。本義迎接來人。

通 甲骨文𨖷 从辵甬聲。本義通達。

近 金文𨚫 从辵斤聲。本義攀附、親近。

迎 金文𨗁 从辵从卬(向、對)。本義迎接。

巡 金文𨖻 从辵从川會意。不停地四處走動觀察。

述 甲骨文𧗟 从辵术聲。本義遵循。引申爲記述。
迫 甲骨文𧗟 从辵白聲。本義逼近。
迷 甲骨文𧗟 从辵米聲。本義迷惑。
逝 甲骨文𧗟 从辵从折。本義離開，引申爲死亡。
逼 金文𧗟 从辵畐聲。本義兵臨城下。
遇 甲骨文𧗟 从辵禺聲。意外相逢。
逢 金文𧗟 从辵夆省聲。本義相遇。
連(连) 甲骨文𧗟 从辵从車。輦的本字。本義人拉車而行。引申爲連接。
選(选) 甲骨文𧗟 从辵从巽(派遣)，巽亦聲。本義選派使者。
遼(辽) 金文𧗟 从辵尞聲。本義遙遠。
達(达) 金文𧗟 从辵㚔聲。本義暢通、到達。
邁(迈) 甲骨文𧗟 从辵(chuò)从萬。會意爲蝎子爬行，本義爬行。
過(过) 金文𧗟 从辵咼聲。本義經過。
這(这) 金文𧗟 从辵从言。本義迎接。假借爲此。
進(进) 小篆𧗟 从辵从隹。追趕飛禽之意，造字之初義當與逐相同。
跡(迹) 金文𧗟 从辵从朿。本義腳印。
遠(远) 金文𧗟 从辵袁聲。本義遼遠。
運(运) 甲骨文𧗟 从辵軍聲。遷徙轉移。

79

還(还) 金文㊑ 从辵睘聲。去了又回。

遲(迟) 金文㊑ 从辵犀聲。本義緩緩行進。

邊(边) 金文㊑ 从辵从自从旁會意爲走到盡頭，本義邊緣、盡頭。

148. 奔 㚘

《說文》："走也。从夭，賁省聲。與走同義，俱从夭。"譯：奔，逃跑。字形用"夭"作形旁，用省略了"貝"的"賁"作聲旁。"奔"與"走"的造字思路相同，都用"夭"作形旁。

甲骨文㊑ 上面是人奔走之形，下面三隻腳，強調速度快，本義奔跑。

149. 㢟(yǐn) 㢟

《說文》："長行也。从彳(chi)，引之。"譯：㢟，走很遠。从彳得義，就是把彳筆畫延長。

金文㢟由彳的末一筆拉長而成。延的本字，後來只做偏旁。例字：

延 金文㊑ 从㢟从疋(shū)，本義行走。後來分化成緩行的延(chān)和長行的延。

廷 金文㊑ 上朝時登上殿堂臺階之形，本義朝廷。

建 甲骨文㊑ 从㢟从聿。本義定立法律。引申爲建立。

六、卜祀類漢字

150. 卜 卜

《說文》:"灼剝龜也。象灸龜之形。一曰象龜兆之縱橫也。"譯:卜,灼裂龜甲,象灸灼龜甲的樣子。一種說法認爲"卜"象龜甲被灼烤後裂紋縱橫的樣子。

甲骨文 卜 商人卜法:先在甲或骨的背面鑽孔洞,目的是使甲骨變薄,易於見兆,使兆璺(wèn)縱橫整齊。然後在孔中灸之,裂紋在甲骨正面出現,然後據裂紋斷吉凶。"卜"是兆璺的象形。讀音則是灼龜時發出"pu"的聲音。卜加口成占,是卜問的意思。例字:

貞(贞) 甲骨文 𪔅 从卜从鼎。本義卜問神靈。

占 甲骨文 占 从卜从口。本義視兆以知吉凶。

真 甲骨文 𧴦 同貞,貞的變體。本義真實。

卦 甲骨文 卦 从卜圭聲。古代占卜用的符号,以陽爻"一"和陰爻"--"相配合而成。基本乾、坤、震、巽、坎、离、艮、兌八卦。

151. 巫 巫

《說文》:"巫祝也。女能事無形,以舞降神者也。象人兩褎(袖)舞形。"譯:巫,向神祝禱的人。女人能事奉無形的神物,能夠用魅力、歌舞使神靈降臨。

"巫"字象一个人揮動兩袖起舞的樣子。

甲骨文 ✚ 爲橫豎放着的竹簽或蓍草，是巫師占卜的道具。本指向神祝禱的人。

152. 爻(yáo) ✗

《説文》："交也。象《易》六爻頭交也。"譯：交錯。象《易》卦中六爻相交。

甲骨文 ✗ 占卜時甲骨灸裂紋的象形。後來成爲《周易》中述説世界萬物變化的符號。"一"稱陽爻，"--"稱陰爻。

153. 凶 凶

《説文》："惡也。象地穿交陷其中也。"譯：灾禍，象地面裂陷，東西陷落其中。

甲骨文 凶 地面裂陷，東西陷落其中的形狀。凶險。

154. 吉 吉

《説文》："善也。从士口。"譯：祥瑞美好。用士、口會意。

甲骨文 吉 上面是房屋，下面与凶的下部相同，可見不是从士口。應該是與凶相對的地面建筑完好的吉兆。本義吉利。

155. 兆 兆

《説文》："从卜兆，象形。"譯：用卜、兆會意，象龜甲的裂紋。

甲骨文 � 被火灼的龜甲的裂紋形狀。引申爲預兆、徵兆。

156. 示 示

《說文》："天垂象,見吉凶,所以示人也。从二(上)三垂,日、月、星也。觀乎天文以察時變,示,神事也。"譯：示,上天垂示徵象,向求告者顯示吉凶。字形用"二(天)"作邊旁。字形中的三垂筆,分別代表日、月、星辰。人觀察宇宙天象,借以推測時世的變化。示,是神祇的事。

甲骨文 丅 从甲骨文看,示的下面原爲一豎,故不是日、月、星。應該是神主牌一類。故文字中凡與鬼神祭祀之事有關的字都以"示"爲意符。例字：

祀 甲骨文 祀 从示(神主牌)从一跪拜之人。本義祭祀。

祖 甲骨文 祖 从示从且,意爲要祭祀的祖先。卜辭中"且、祖"通用。

宗 甲骨文 宗 从宀(miǎn)从示,供在屋内的神主牌多祀祖先,故爲"祖宗""宗祠"的"宗"。

祝 甲骨文 祝 从示(神主牌)从兄。兄長開口向神祝禱,本義是祝禱。祝禱的言詞有好有壞,後來褒義的用祝,貶義的用咒。

咒 甲骨文 咒 从示(神主牌)从一跪坐張口者,會意爲求神福佑。本義求神。祝禱的言詞有好有壞,褒義的用祝，貶義的用咒。

福 金文 𥙊 从示从畐(fú 滿)，畐亦聲。本義祈求神靈保佑美滿。

社 金文 社 从示土。本義指土地神。引爲居民單位，25家爲一社。

禁 甲骨文 𥬲 从示林聲。對影響吉凶的忌諱。本義禁忌。

禍(祸) 金文 禍 从示咼聲。神靈不予保佑。本義災害。

祟 甲骨文 祟 从示从出。鬼神降下的災禍。

禪(禅) 金文 禪 从示單聲。本義祭天。

靈(灵) 金文 霝 霝下加示，也有霝下加玉，加巫的，意爲神靈。

157. 祭 祭

《說文》："祭祀也。从示，以手持肉。"譯：祭祀。字形用"示"作形旁，表示用手抓着肉獻祭。

甲骨文 𥙃 右手持牲肉祭祀之形。本義祭祀。从字形看，初期牲肉帶有血水(生肉)，後來則是不帶血水的熟物了。金文 祭 加形旁示。例字：

蔡 甲骨文 𣏁 人的腿被砍之形。本指古代最早的活人祭祀。隨着文明的進步，可能逐漸用草人代替，後來加草頭。又被借指野草。

察 甲骨文 察 从宀、祭會意。在屋裏祭祀是大事，應該認真對待，引申爲仔細看。

158. 齋(斋) 🈶

《說文》："戒，潔也。从示，齊省聲。"譯：齋戒，使身心素潔。字形用示作形旁，用有所省略的齊作聲旁。

金文 🈶 上齊下示。表示祭祀前，大家都要潔淨身心。

159. 享(xiǎng) 亯

《說文》："獻也。从高省，象進孰物形。《孝經》曰：'祭則鬼亯之。'"譯：進獻。是高的省形，象進獻熟物的祭臺形狀。《孝經》上說"祭祀的東西是給逝去的祖先享用的。"

甲骨文 亯 字形是建於高高的基礎之上的廟堂形。本義是把祭品供獻祖先或神明。例字：

亨 金文 亯 亨、享原爲一字，本义進獻，引申爲亨通、順利。

孰 金文 🈶 一个人在宗廟前敬獻羊。孰是熟的本字，本義熟食。被借爲代詞後，又加火造形聲字"熟"。

熟 甲骨文 🈶 从孰从火。本義熟食。引申爲成熟。

160. 奠 奠

《說文》："置祭也。从酋。酋，酒也。下其丌也。"譯：在祭臺上擺放祭品。字形用酋作邊旁。酋，就是酒。酋字下面的"丌"是供擺放祭品的架子。

85

甲骨文 🔲 放在几上的酉 🔲（酒）。本義祭奠。

161. 帝 帝

《说文》："諦也。王天下之号也。从上(shàng)朿(cì)聲。"譯：最高稱謂。又是君王統治天下的稱号。用丄(上)做形旁，朿做聲旁。

金文 🔲 用木頭搭建的高高的祭臺，象形，禘的本字。原指古代一種隆重的祭祀儀式，後來借爲君王統治天下的稱号。

162. 鬼 鬼

《说文》："人所歸爲鬼。从儿从甶(fú)。甶象鬼頭。从厶。鬼陰气賊害，故从厶(私)。🔲 古文鬼。从示。"譯：鬼，人死成鬼。用人甶會意。甶象鬼的頭。鬼的陰寒之气會傷害人，所以用厶作邊旁。🔲 是古文寫法的鬼，用示作邊旁。

甲骨文 🔲 金文 🔲 从儿从甶。周代人鬼皆指人的祖先。鬼，神也，有男有女，如楚辭《山鬼》即山神(女)。後來加厶爲屬鬼是後起義。例字：

魂 甲骨文 🔲 从鬼云聲。人的天生陽气。本義靈魂。

魄 甲骨文 🔲 从鬼白聲。人的天生陰气。本義精神。

魅 甲骨文 🔲 从鬼从彡。本義鬼魅。老而成精的東西。

醜(丑) 甲骨文 🔲 从鬼酉聲。(醜陋)可惡。現在簡化成十二地支裏的丑，完全是借用。

163. 畏 畏

《説文》："惡也。从甶(fú)，虎省。鬼頭而虎爪，可畏也。"譯：畏，厭惡。用"甶"和省略式的"虎"會意。象怪物，長着鬼頭，張着虎爪，形象可怖。

金文 𤰒 鬼持棍之形，本義可怕。許慎根據篆字解釋有誤。

164. 豆 豆

《説文》："古食肉器也。从口，象形。"譯：古代吃肉時用的盛器。用"口"作形旁，象形。

甲骨文 豆 古代盛黍稷之陶器。周代始爲盛肉漿一類食物的食器。木制，高脚，圓口。春秋以後有的有蓋，外面用黑漆裝飾，裏面漆朱紅色。亦有青銅豆。後世只用它祭祀。豆類植物古代稱"菽"或"藿"。漢以後豆才被借爲豆科植物之稱。例字：

豐(丰) 甲骨文 豐 豆(祭器)中盛雙玉之形。(玉是古人祭祀的重物)。因器中豐滿，故當豐盛、豐富講。與草木丰茂的丰没有關係，現在簡化爲丰。

禮(礼) 金文 禮 禮原作豊。行禮之器也，从豆象形。成於周代。因与豐(丰)相似，加示成"禮"。本義敬神、禮神。引申爲奴隷社會的制度規範。《論語》中的"克己复禮"即恢复西周的各種制度。

登 金文 登 雙手捧着裝祭品的禮器"豆"登階而上

之形(上面的雙足是登階之意)，本義是向上進獻祭品。後來引申爲上升、登高之意。

165. 戲(戏) 戲

《說文》："三軍之偏也。一曰兵也。从戈䖒(xī)聲。"譯：戏，三軍之中附設的特殊兵種。一種說法認爲戲是兵器。字形用戈作形旁，䖒作聲旁。

金文 戲 从虍(hū 虎頭)从豆(祭器)从戈。戲起源於古人的祭祀活動，古人在祭祀時表演作战、狩獵。引申爲演戲。

166. 血 血

《說文》："祭所薦牲血也。从皿，一象血形。"譯：祭祀時敬獻給神靈的祭品——鮮血。字形主要依據皿字而構造，字形中的"一"，象器皿中裝着鮮血的樣子。

甲骨文 血 皿中有圓點，表示用以祭祀的牲血。

七、戰爭類漢字

167. 干 丫

《說文》:"犯也。从一,从反入。"譯:干,冒犯。用一橫和反寫的入會意。

金文 可以看出,沒有一橫,應是古人田獵時的一種武器,用樹杈做成,可以插住獵物的頸部。後來發展成一種防衛武器。秦稱"盾",山東六國稱"干"。簡化字以干代乾、幹。

168. 單(单) 單

《說文》:"大也。从叩(xuān)甲,叩亦聲。闕。"譯:單,大。字形用叩、甲會意,叩也是聲旁。甲,不知所指,所以解釋暫缺。許慎也不知單的字源,只是認為"單"就是"大"。

甲骨文 Y 金文 應是一種原始武器,用樹杈扔石塊,類似現在的彈弓。

169. 戈 戈

《說文》:"平頭戟也。从弋,一橫之。象形。"譯:戈,平頭的戟類兵器。字形用弋作形旁,一表示橫擊。字形象戈的形狀。

甲骨文 古兵器之一種,頭部象今天的刺刀,但橫著固定在柄上,柄有腳似叉可插入地。例字:找 甲骨文 从戈从手會意。持戈尋找。本義尋找。

戍 甲骨文㦵 人背戈之形，本義戍守。今天"衛戍區"的"戍"用的是本義。

或 甲骨文𢧜 囗指城邑形，以戈守衛之。國的本字。後來被借爲虛詞，才又造出"國"字來。

伐 甲骨文𠂤 持戈砍人頭之形。本義砍伐、討伐。

何 金文𠂇 人荷戈之形。爲"負荷"的"荷"的本字。被借爲疑問詞後，又造出荷。

武 甲骨文𠀷 金文𢦒 都是上戈下止。應是走向戈，要動干戈的意思。

戎 甲骨文𢦏 从戈(武器)从甲(鎧甲)。會意爲兵器。

截 甲骨文𢦏 从戈雀聲。本義切斷。

戛 金文𢦓 从戈从百(首)會意。表示戛是頭部象戈的一種兵器。本義戛。引申爲動詞敲擊，又引爲敲擊的聲音，如：戛然而止。

戕 金文𢦏 从戈爿(牀)聲。他國的臣子來刺殺本國的君王叫"戕"。本義殘害。

戔(戋) 金文𢦏 从二戈。兵多則殘。殘的本字。借爲細小之義。

賊(贼) 甲骨文𢦏 从戈則聲。本義殘毀財物。引申爲傷害、盜賊。

170. 弋 𠂉

《説文》："橜也。象折木衺鋭著形。"译：弋指木椿。象木頭折斷的斜茬形。

甲骨文 弋　象樹枝折斷的斜茬形。本義尖頭的木樁。引申爲帶繩的短箭。例字：

式　甲骨文 式　从弋从工。表示工匠按照樣子建造。本義樣式。

殘(残)　甲骨文 戔　殘本作戔，从二戈。本義傷害、殘害。金文 戔　加歹強化了本義。

171. 戰(战) 戰

《説文》："鬬(鬥)也。从戈單聲。"譯：戰鬥。用戈作形旁，單作聲旁。

　　金文 戰　从單从戈。單(同干)是古時側重防禦的武器，戈是進攻的武器，干戈會意爲戰。

172. 刀 刀

《説文》："兵也。象形。"譯：兵器。象刀鋒之形。

　　甲骨文 刀 象刀形。作偏旁寫作"刂"或"刀"。

例字：

刁　甲骨文 刁　刀的變體。本義刁鑽、刻薄。

刃　金文 刃　刀刃處加點，強調刃，指事字。

罰(罚)　甲骨文 罰　从刀从詈(lì)。辠(罪)之小者。本義對小罪行的懲處。

列　金文 列　从刀歺(liè)聲。本義肢解之極刑。

刑　甲骨文 刑　从井从刀。本義砍頭之刑，擴大爲刑罰。

制 甲骨文 [字] 从刀从木。用刀砍斷樹木之義，引申爲制作。

判 甲骨文 [字] 从刀从半，半亦聲。用刀把物體分成兩半，本義分開。

韧(qià) 小篆 [字] 从刀丰(jiè)聲。用刀刻出齒狀痕跡。刻的本字。本義契刻、雕刻。

刊 甲骨文 [字] 从刀干聲。本義削。引申爲訂正。

割 金文 [字] 从刀害聲。本義剝皮。

別(别) 金文 [字] 从刀从冎(guǎ 骨)。本義分解骨肉。引申爲離別。

刻 金文 [字] 从刀亥聲。本義雕刻。

削 甲骨文 [字] 从刀肖聲。本義切削。

副 甲骨文 [字] 从刀畐聲。本義剖開。引申爲次要的、輔助的。

剩 金文 [字] 从刀乘聲。本義剩余。

刖 甲骨文 [字] 从刀从月(肉)。以刀斷人腳之刑。

利 甲骨文 [字] 从刀从禾。收穫莊稼是有利的事，刀也必須鋒利。本義利益、鋒利。

券 甲骨文 [字] 从刀㚒聲。本義票證、凭據。

劇(剧) 甲骨文 [字] 从刀从虍从豖。本義劇烈。

創(创) 甲骨文 [字] 刀上加兩點(血)，會意爲創傷。後來發展成形聲字。

劉(刘) 甲骨文 [字] 从卯从金从刀。本義用刀砍殺。

剛(刚) 甲骨文🗚 从刀从网，會意爲鋒利。金文 🗚 网訛變成岡，成爲形聲字，詞義也引申爲堅硬。

劃(划) 甲骨文🗚 从刀从畫，畫亦聲。用刀錐刻畫。

173. 斤 斤

《說文》："斫木也。象形。"譯：砍木頭的斧子。字形象斧頭的形狀。

甲骨文 🗚 是砍木用的短斧。1954年從湖南寧鄉出土的商代圓刃青銅小斧就稱爲"斤"，足以證明"斤"是短斧。"斤兩"的"斤"是假借義。

例字：

斧 甲骨文 🗚 从斤父聲。本義斧頭。

折 甲骨文 🗚 一把斧子砍斷一棵樹。本義折斷。

斯 金文 🗚 从斤其聲。其，箕也。析竹爲之，故本義是以斤(斧)剖竹，聲爲破竹之聲。後來被借爲代詞。

所 金文 🗚 从户(指貯藏室之門)从斤。放工具的處所，本義處所。名詞。

新 甲骨文 🗚 本義是以斤(斧)砍柴薪，動詞。後來"新"被假借爲"新舊"的"新"，於是又造了一个名詞"薪"(柴)。

斬(斩) 甲骨文 🗚 从車从斤。攔腰砍斷的酷刑。

斷(断) 甲骨文 🗚 从𢇍(jì)从斤。本義斷開。

174. 方 方

《説文》:"併船也。象兩舟省、總頭形。"許説很費解。

甲骨文 ▷ 金文 方 都是在刀柄上畫一橫，指刀柄。後來借作方圓的方。例字：

旁 甲骨文 㫃 从凡从方。會意爲所有地方，本義四面八方。成語"旁徵博引"的"旁"還保留本義。

放 金文 放 从攴从方，方亦聲。以攴驅趕至其他方國，即流放。本義放逐。

於(于) 甲骨文 丂 象是"干"字形岸邊曲折的水道。迂的本字，本義曲折。借作介詞"於"，古代"于""於"通用。凡經多用于，凡傳多用於。簡化字以"于"代"於"。

175. 弓 弓

《説文》:"窮也。以近窮遠者，象形。古者揮作弓。"譯：以近射遠的武器。字形象弓的形象。古代叫"揮"的人創制了弓。

甲骨文 ⌒ 象形。古人用弓，平時松弦，戰時緊弦。例字：

引 甲骨文 引 用力拉弓之形。如：引而不發。

弦 甲骨文 ⌒ 弓的弦上加一點，突出弦，是指事字。後來點變成 8 而成"弦"，成爲形聲字。

弘 金文 弓 从弓厶聲。厶，古文肱字。弓子彈射時發出的聲音。

弩 金文𪫺 从弓奴聲。安在長柄上的弓。

弛 甲骨文𢎺 从弓从也。將弓弦解除拉力。

張(张) 金文𢎜 从弓長聲。將弦繫在弓上。

發(发) 甲骨文𤼲 从弓从癶(bá)，癶亦聲。本義發射。發本作癹，从癶(bō 兩足)从殳(shū 投擲)會意。本義爲借助跑遠投擲(標槍等)。後來加弓旁。和頭髮的髮沒有任何關系，但是簡化後都寫作发。

彎(弯) 甲骨文𢎺 从弓䜌聲。本義象弓一樣彎曲。

彈(弹) 甲骨文𢎺 弓的弦上有彈丸。本義彈丸或彈射。後來加聲旁單。

176. 矢 𠂕

《說文》："弓弩矢也。从入，象鏑杆羽之形。"譯：弓弩發射的箭矢。用"入"作字根，象箭頭、箭杆、尾羽的形狀。

甲骨文𠂕 象形。箭頭、箭杆、箭羽俱全。後來字形訛變，看不出"矢"的箭形了。例字：

躲(射) 甲骨文𦐇 从弓从矢。字形象張弓射箭之形。後來"弓"訛變成"身"，"矢"訛變成"寸"，就看不出本義了。

備(备) 甲骨文𠆤 人背着一个插着箭的箭桶。本義準備。

函 甲骨文𠚑 盛矢的袋子。後來字形訛變成函，看不出本義了。詞義也擴大成裝東西的袋子，如函授、信函的"函"。

矣 甲骨文 𝄞 从矢㠯(以)聲。射出的矢必有所止。矣用於句末，表示句子結束。

短 甲骨文 𝄞 从矢豆聲。弓長矢短，所以以矢代表短，加豆表聲。

侯 甲骨文 𝄞 象一隻箭射向箭靶，小篆 𝄞 在上面加人，表示人所射。本義箭靶。古代有"射侯"之禮，射中後的就是有本事的人，又引做爵位名稱。

矮 金文 𝄞 从矢从委會意。人如矢則不高，人體委(蜷曲)則矮。本義身材不高。

177. 至 𝄞

《說文》："鳥飛从高下至地也。从一，一猶地也。象形。"許慎認爲"至"是鳥往下飛的形態，太牽強。

甲骨文 𝄞 是"矢"从遠處射來落地的形象，因而有"到來"的意思。例字：

致 金文 𝄞 从夂(zhǐ)从至。本義送達。

到 金文 𝄞 从至刀聲。本義抵達。

臻 金文 𝄞 从至秦聲。本義到達。

178. 矛 𝄞

《說文》："酋矛也。建於兵車，長二丈。象形。"譯：長矛。豎立于戰車上，長二丈。字形象長矛的形狀。

金文 𝄞 和今之紅纓槍相似的一種兵器。如：張飛手執丈八長矛。例字：

矜 金文 𣎆 从矛今聲。本義矛的手柄。引申爲持重、矜持。

179. 盾 盾

《說文》："瞂也。所以扞身蔽目。从目，象形。"譯：盾，盾牌。是用來擋護身體、蔽護頭部的防護武器。象盾牌的形狀。

甲骨文 𢧢 人執盾之形。考古發掘的盾作 甲 形面上繪雙虎。

180. 厥 厥

《說文》："發石也。从厂欮聲。"譯：抛石頭。用厂作形旁，欮作聲旁。

金文 ？ 古代戰爭中的一種發射石頭的拋石器象形。小篆 厥 開始變成从厂欮聲的形聲字。

181. 介 介

《說文》："畫也。从八从人。人各有介。"譯：介，畫界。字形用八（分開）、人會意，表示人們各有其界限。

甲骨文 𠈌 象古代武士身穿鎧甲之形。古代武士的鎧甲爲一片片皮革綴成，字形上用點表示。本義鎧甲。因爲鎧甲是硬的，所以甲虫的甲也叫"介殼"，人身上長的硬痂瘡也叫"疥"。因語音相近，介也被當作个，如"一介書生"（王勃《滕王閣序》）。

182. 王 王

《説文》："王，天下所歸也。董仲舒曰：'古之造文者，三畫而連其中謂之王。三者，天、地、人也。而參通之者，王也。'孔子曰：'一貫三爲王。'"譯：王，天下都歸他（統治）。董仲舒説："古代創造文字，三畫用豎綫連接其中叫王。三畫代表天、地、人。能同時通達天地人三界的就是王。"孔子説："用一貫三就是王。"

許慎按儒家天人感應説解釋王的本義是不正確的。

甲骨文 王 橫視就是大斧之形，是權力的代表。所以古代最高統治者稱爲王。

183. 皇 皇

《説文》："大也。从自王。自，始也。始皇者，三皇，大君也。"譯：皇，大的意思。字形用自、王會意。自，起始的意思。遠古始皇，就是燧人、伏羲、神農，他們是偉大的君王。

金文 皇 上自下王，自稱爲王。是秦始皇爲自己發明的稱呼，後來就成爲中華帝王的稱呼。

184. 我 我

《説文》："施身自謂也。或説我，頃頓也。从戈从𠂆(chuí)。"譯：我，當事人對自己的稱謂。有人説"我"是頃頓。字形用戈、𠂆會意。

甲骨文 廾 古兵器，似斧而有三鋒，已失傳。在卜辭中就已借爲自我之稱。許慎説"施身自謂"即後起的假借義。

185. 兵 扄

《説文》："械也。从廾(gǒng)持斤，並力之皃。"譯：軍械。字形用廾(左右手)、斤會意，象雙手持斧使勁的樣子。

金文 扄 雙手持大斧之形。本指兵器。引申爲士兵。

186. 殳(shū) 殳

《説文》："以杖殊人也。《周禮》'殳以積竹，八觚，長丈二尺，建於兵車，車旅賁(bēn)以先驅。'从又，几聲。"譯：殳，用杖殺人。《周禮》上説："殳用積竹作成，有八棱，長一丈二尺，豎立在兵車上，車上的部隊拿着它作先鋒。"字形用又作形旁，几作聲旁。

金文 殳 手持兵器之形。古代一種竹或木做的長兵器。作偏旁與攵、攴通用。例字：

投 甲骨文 殳 从手从殳(shū)。投擲。

毅 甲骨文 毅 从殳从豙(yì)，豙亦聲。面對狂怒的豬，果斷出刀。本義堅決、果斷。

段 甲骨文 段 山崖下一隻手拿錘子敲打石塊，本義錘擊。引申爲反復敲打。

役 甲骨文𠈱 一人手拿大棒在另一人背後。本義驅使。

殷 金文𣪊 从㐆(yī 反身)从殳。一个人被別人拿棍子打。本義憂傷。

毆(殴) 甲骨文𣪏 从殳區(ōu)聲。捶擊物體。

187. 殺(杀) 𣀕

《說文》："戮也。从殳杀聲。"譯：屠戮。字形用殳作形旁，杀作聲旁。

甲骨文杀 一隻獸脖子挨刀，頭尾四肢垂下之形。金文𣀕 从殳杀聲。手執利器殺頭之形。簡化字回到本原。例字：

煞 甲骨文杀 可見煞本作杀。引申爲結束。

弑 金文𢨄 从殺式聲。臣殺君爲弑。

188. 壴(zhù) 壴

《說文》："陳樂立而上見也。从屮豆。"譯：架設擊鼓臺，將鼓架立起，上端的裝飾物就可以看見。字形用屮、豆會意。

甲骨文壴 鼓的象形，从下往上依次是鼓架、鼓、鼓上飾物。所以是鼓的本字。例字：

嘉 金文𩰯 从壴加聲。擊鼓奏樂以贊美。

彭 甲骨文彭 从壴彡聲。本義擊鼓之聲。

喜 甲骨文𠶮 从壴从口。敲起鼓，開口唱，定有喜樂之事，故有喜樂之義。

賁(贲 bì) 金文 ❀　有裝飾物的大軍鼓，應該從壴，小篆開始訛變爲从貝。本義大軍鼓。

凱(凯) 金文 豈　右邊從壴，象擊鼓之形，左邊几，代表鼓架。本義軍隊得勝奏的軍樂。

189. 豈(岂) 豈

《説文》："還師振旅樂也。一曰欲也，登也。从豆，微省聲。"迎接軍隊得勝歸來和歡送軍隊出征時演奏的鼓樂，用以振奮士气。一種説法認爲，"豈"是期望，"豈"是登高。字形用"豆"作形旁，用有所省略的"微"作聲旁。

甲骨文 豈 象鼓發聲，本義軍隊勝利歸來所奏的鼓樂，凱的本字。借爲反詰語气詞。

190. 鼓 鼓

《説文》："郭也。春分之音，萬物郭皮甲而出，故曰鼓。从壴(zhù)从屮(chè)从又。屮象垂飾，又象其手擊之也。"譯：鼓，用皮包廓蒙覆的樂器。鼓是春分時節的音樂，萬物包廓着皮殼而出，所以叫作"鼓"。字形用壴作邊旁，攴象手持椎棒擊鼓的樣子。

金文 鼓 手持鼓槌擊鼓之形，本義擊鼓。作名詞是後起義。

191. 勿 勿

《説文》:"州裏所建旗。象其柄,有三游,襍(雜)帛。幅半異,所以趣(趨)民,故遽稱勿勿。"譯:勿,州郡里豎立的旗幟。字形象旗杆,有三條飄帶。旗子由雜色布帛構成,旗幅半白半赤。"勿"是用來麾集民眾的標志,所以有急速召集、趨趕的作用,叫作"勿勿"。

金文 彡 古時州裏召集民眾用的一種旗,柄上有游,游的顏色單一則説明事緩,游的顏色雜(即多種顏色)則説明事情緊急。"勿"在卜辭中已借爲否定副詞。例字:

匆 金文 彡 同勿。勿被借爲否定詞後。另加一畫造匆。

192. 㫃 (yǎn) 㫃

《説文》:"旌旗之游,㫃蹇之皃。"譯:人抗着旗行走,旗子垂下的形狀。

甲骨文 旗幟飄揚之狀。旗的本字。車和旗是商周奴隸主等級身份的重要標志。例字:

旌 金文 从㫃从生。古代用羽毛裝飾的旗子。

旗 金文 从㫃其聲。旗行而㫃廢,㫃只作偏旁。

斿(遊) 甲骨文 子執旗之形,本義遊學。殷商時代,諸侯國多派遣子弟遊學於殷。

游 金文 从㫃浮聲。本義旌旗飄擺。簡化字把游、遊統一爲游。

旅 甲骨文🅐 从㫃从二人。士兵們集結在旌旗之下，本義軍旅。

族 甲骨文🅐 从㫃从矢。以㫃爲標記的古代一个家族、氏族，又是一个戰鬥單位，故从㫃从矢。

施 金文🅐 从㫃也聲。本義旗子、令旗。引申爲實行。

旋 甲骨文🅐 从㫃从疋。本義揮動旗幟，發出指揮信号。本義轉動。

193. 卩(jié) 𠁅

《說文》："瑞信也。守國者用玉卩，守都鄙者用角卩，使山邦者用虎卩，士邦者用人卩，澤邦者用龍卩，門關者用符卩，貨賄用璽卩，道路用旌卩。"
译：卩是信驗凭證。諸侯用玉卩，大夫用角卩，出使山邦者用虎形卩，出使土邦者用人形卩，出使澤邦者用龍形卩，看門守關的用符卩，管理市場的用璽卩，管理道路交通的用旌卩。

金文 𠃑 象符節之形。本義符節。分成兩半，一半在内，一半在外。需信驗時，兩者相合。例字：

令 甲骨文🅐 从亼(jí)从卩。君主發令要有符節作驗信。本義發号令。

命 甲骨文🅐 从口从令會意。本義使令。

印 金文🅐 从爪从卩(jié)，一手握一卩(𠁅)。本

103

義印章、印信。

卸 甲骨文 𤰞 从卩、止、午(指馬)。會意爲馬車到達後，解開拉車的馬的套具。

194. 中 中

《說文》："内也。从口丨，上下通。"譯：中，事物的内部。字形用"口"作字根。中間的一豎丨，表示上下貫通。

甲骨文 🏳 是飄揚的旗幟形，因大旗所在地是國家中心或軍隊中心，後來旗形被省略，只有旗杆插在地上。本義中心。

195. 車(车) 車

《說文》："輿輪之總名也。夏后時奚仲所造。象形。"譯：是古代對輿、輪的總稱，即名詞的"車廂"、動詞的"轉動"都叫"車"。據說車是夏后時代叫奚仲的人創造的。字形象車的形狀。

甲骨文 車 車的象形。从甲骨文及商代金文看，殷商時一車只駕二馬。傳說車開始爲黃帝所造(故謂之"軒轅")。少昊時用牛拉車，夏禹時的車正奚仲開始改爲用馬拉車，因此有奚仲造車之說。在車戰中，車用以載物、住宿、防守。例字：

轟(轰) 甲骨文 轟 从三車。車隊行進時發出的轟鳴聲。

庫(库) 金文 庫 字形是"厂"内有"車"，指停放車的場所。

載(载) 金文𢦏 从車𢦏聲，本義搭乘車輛。

軍(军) 甲骨文軍 从車从包省會意。古代以戰車和緊隨其後的士兵構成軍隊。

軒(轩) 甲骨文軒 从車干聲。有帷幕有頂棚的車。

軌(轨) 甲骨文軌 从車九聲。車輪碾壓的痕跡。

輩(辈) 甲骨文輩 从車非聲。本義排列整齊的兵車引申爲輩分。

輸(输) 甲骨文輸 从車从俞(舟)。兩種运输工具會意爲运送。

轄(辖) 甲骨文轄 从車害聲。本指車軸兩端防止車輪脫落的插銷。引申爲管轄。

軟(软) 甲骨文軟 从車从欠。本義車不結實。引申爲柔弱。

軼(轶) 金文軼 从車从矢會意。本義超車。

輿(舆) 金文輿 車輪外四隻手。本義造車。後多指車廂，又引申爲眾人，如輿論。

軋(轧) 甲骨文軋 从車乙聲。車輪碾過。

輪(轮) 甲骨文輪 从車侖聲。車輪。

輕(轻) 甲骨文輕 从車巠聲。輕型戰車，引申爲重量小。

較(较) 金文較 从車交聲。車廂上扶手的橫木。

引申爲比較。

轎(轿) 甲骨文轎 从車喬聲。本指古代走山路的小車，引申爲抬人的轎子。

輔(辅) 金文輔 从車甫聲。本指加固車輪的直木，引申爲輔助、幫助。

輒(辄) 金文輒 从車耴(zhé 耳垂)聲。輒是車左右厢板上端外翻的部分，也稱車耳。

八、飲食類漢字

196. 皀 (jí)

《說文》:"穀之馨香也。象嘉穀在裹(guǒ)中之形。"譯: 皀, 馨香的穀粒。象穀粒在穀殼中之形。

皀是祭祀用的盛在豆中的米飯。"皀"和"皂"在形、音、義上都不同。例字:

即 甲骨文 從皀從人。人正在吃飯, 本義就食。

既 甲骨文 從皀從人。人已經吃飽, 把嘴轉過去了, 本義吃完飯。引申爲已經完成。

卿 金文 從皀從二人。兩人面對面進食, 饗的初文。後來借指君王對高級官員的稱呼。

197. 食

《說文》:"亼(jí)米也。从皀亼聲。或說从亼皀也。"譯: 吃米。字形用皀作形旁, 用亼作聲旁。也有人說是由亼、皀會意。本義吃飯。

甲骨文 皀是米在碗中之形, 上面加亼(集), 是開口吃碗中的米之形。例字:

養(养) 金文 從食羊聲。本義供養。

飯(饭) 金文 從食從反, 反亦聲。本義用手吃飯。

餅(饼) 金文 從食并聲。扁圓狀干糧。

館(馆) 甲骨文 從食從官會意。本義接待官員吃住的賓館。

餉(饷) 金文𩙿 从食从向會意。本義以食物送人，用食物款待。

餒(馁) 甲骨文𩙿 从食委聲。本義饑餓。

饑(饥) 甲骨文𩙿 从食幾聲。本義荒年。

餓(饿) 甲骨文𩙿 从食我聲。本義饑餓。

餐 甲骨文𩙿 从食奴(cān)聲。本義吃。

秣 金文𩙿 从食末聲。本義喂馬的飼料。後人把形旁換成了更準確的禾。

198. 厭(厌) 厭

《說文》："笮也。从厂猒聲。"译：厭，壓榨。字形用厂作形旁，猒作聲旁。

甲骨文𩙿 从厂从犬从肉。古代肉食稀缺，如果給家裏的狗喂肉，説明人已經吃飽，本義吃飽。引申爲厭惡。

199. 飲(饮) 飲

《說文》中没有收录"飲"。

甲骨文𩙿 象人手扶酒壇喝酒的樣子。本義飲酒。

200. 禾 𥝌

《說文》："嘉穀也。二月始生，八月而熟，得之中和，故謂之禾。从木，从𠂹(垂)省。𠂹象其穗。"譯：嘉穀。二月開始生長，八月成熟，處四季之中，得陰陽之和，所以稱它爲禾(和)。用木和有所省略的巫會意。巫象禾穀的穗子。金文 ✦ 木上加一撇以象穀穗下垂，指一切穀類。例字：

穀(谷) 小篆 ✦ 从禾㱿聲。穀類作物的統稱。與山谷的"谷"沒有任何關系，但被簡化成"谷"。

積(积) 甲骨文 ✦ 从禾責聲。本義聚集。

穎(颖) 甲骨文 ✦ 从禾頃聲。本義禾苗末梢。

稱(称) 甲骨文 ✦ 本作爯，一手拎魚，在估重量。本義稱重。金文 ✦ 開始加形旁"禾"。

穡(穑) 金文 ✦ 从禾从嗇會意。收穫穀物。

種(种) 甲骨文 ✦ 从禾重聲。本義穀種。

稼 甲骨文 ✦ 从禾从田會意。種植穀物。金文 ✦ 開始成爲从禾家聲的形聲字。

秩 甲骨文 ✦ 从禾失聲。本義堆積禾穀。引申爲俸祿、秩序。

稚 甲骨文 ✦ 从禾从隹(zhuī)會意。短小的禾，幼禾。泛指幼小。

稗 金文 ✦ 从禾卑聲。似水稻而非水稻的一種雜草。

穆 甲骨文 ✦ 成熟的禾穀穗下垂的樣子。本義成熟的禾穀。引申爲恭敬、嚴肅。

季 甲骨文 ✦ 从禾从子。稚的本字。本義幼禾。引申爲兄弟排行中最小者，與从子有關。現在作"季節"講，與从禾有關。

稷 甲骨文𥟑 从禾畟聲。指穀子(小米)。稷爲五穀之長。

秦 甲骨文𥣹 雙手持杵舂禾之形。本義舂穀。《說文解字》："伯益之後所封國，地宜禾。从禾舂省。"

秋 甲骨文𥤮 字形从秋虫(蟋蟀)从山，以山中秋虫鳴叫表示秋天。金文𥤐 戰國時開始，人們用更簡潔的方法——禾火(禾熟)會意，表示秋。

私 金文𥝢 从禾厶聲。本義禾穀，北方習慣上叫禾穀主人爲"私主人"。倉頡作字：自營爲厶(sī)，背厶爲公。所以"私"本爲"厶"。後來把禾穀"私"借來，厶只留在偏旁中。

秀 金文𥝩 从禾从乃。穀物抽穗，引申爲卉草開花。

秉 甲骨文𥡝 一手抓握一把禾。本義禾束。引申爲拿着。

兼 金文𥡝 一手抓握兩把禾。本義同時擁有。

移 金文𥢶 从禾从多。把禾苗移植到田裏，俗稱插秧。引申爲移動。

程 甲骨文𥢻 从禾呈聲。本義稱量、計量。引申爲規則、程式。成語"計日程功"保留程的本義。

租 金文𥣔 从禾且聲。本義田賦。

稅 甲骨文𥤰 从禾兌聲。本義田租。

秒 金文秒 从禾从少。禾穗上的芒刺。引申爲細微的時間。

耗 甲骨文 从禾从毛會意。本義莊稼欠收。引申爲減少、消耗。

201. 齊(齐)齊

《説文》："禾麥吐穗上平也。象形。"譯：齊，禾麥吐穗時穗子上端處於同一高度。

甲骨文 三个(很多)穀穗。證明許慎所説"齊"的本義是正確的。

202. 年

《説文》："穀孰也。从禾千聲。《春秋傳》曰：'大有秊。'"譯：禾穀成熟。字形用禾作形旁，千是聲旁。《春秋傳》上説："大有收成。"

甲骨文 人肩禾之形，本義收成、年成。如天壇的"祈年殿"是祈求豐收的祭壇。作爲時間的"年"是周代的事(商稱"年度"的"年"爲"祀")。字形從春秋時金文訛變爲从禾从千。

203. 黍

《説文》："禾屬而黏者也。以大暑而種，故謂之黍。从禾，雨省聲。孔子曰：'黍可爲酒，故从禾入水也。'"譯：黍，禾屬而軟黏的穀物。因在大暑時節播種，諧音爲黍。字形用禾作形旁，用有所省略的雨作聲旁。孔子説："黍可釀酒，所以从禾入水。'

111

甲骨文㊡ 黍子或稱糜子,去皮殼之後稱爲"大黃米",是商代主要的穀類作物。商代人多飲酒,而黍可釀酒,故在禾穗下垂旁加水,取黍可以變成酒的意思。例字:

黎 甲骨文㊡ 从黍,利省聲。古人没胶,就用黏性很强的黍米做米糊粘東西。本義黍米糊。借爲衆多。

黏 金文㊡ 从黍从占。用黍米糊使相附着。

204. 香 ㊡

《說文》:"芳也。从黍,从甘。《春秋傳》曰:黍稷馨香。"譯:芳香。用"黍、甘"會意。《春秋傳》上說:"黍稷馨香。"

甲骨文㊡ 上从來(麥子)从黍均可說通。下面从甘从口皆有。象嘗黍稷之屬以品馨香之意。

205. 白 ㊡

《說文》:"西方色也。陰用事,物色白。从入合二。二,陰數。"譯:白,代表西天的顏色。吊喪辦事時,物品都要貼上白紙,以祈靈魂安祥歸西。字形用入、二會意。二,是代表陰間的數。

甲骨文㊡ 是一粒米的象形。因爲米色白,故以爲"黑白"之"白"。古"白、伯"同字。因古人平日吃菽(豆飯),稻米爲貢品,爲貴族所食,故"伯""白"同字。例字:

皂 甲骨文㊡ 从白从七(切)會意。表示與白色相反的黑色，如青紅皂白。

皓 甲骨文[皓] 从白告聲。本義光明、明亮。

皙 金文[皙] 从白析聲。人的膚色白嫩。

皚 金文[皚] 从白豈聲。霜雪的白色。

皖 金文[皖] 从白完聲。本義星光明亮的樣子。今做地名。

皈 金文[皈] 後人爲翻譯佛經而造的新字。从白从反會意爲返璞歸真。本義歸向佛教。

206. 米 川

《說文》："粟食也。象禾、黍之形。"譯：粟的籽實。字形象粟、禾結實的形狀。

甲骨文[米] 象米粒瑣碎縱橫之形。例字：

稻 甲骨文[稻] 上面是米，下面是盛米的容器。本義稻米。

粗 金文[粗] 从米且聲。本義糙米。引申爲粗糙。

精 金文[精] 从米青聲。本義精米。引申爲精細。

粥 金文[粥] 从米从鬲（鍋）會意，兩邊是熱气。將米在鍋裏煮，熱气冒出，就是粥。

粟 甲骨文[粟] 象手从穀物植株上收集穀粒，本指穀類糧食的總稱，後專指穀子。

粒 金文[粒] 从米立聲。本義米粒。引申爲顆粒。

粹 金文[粹] 从米卒聲。本義精米。泛指純粹、不雜。

粜 金文[粜] 从出米。會意爲賣米。

糧（粮）甲骨文 𤾕 从米量聲。本義穀子，引申爲糧食。

207. 來（来）𣏟

《說文》："周所受瑞麥來麰（móu 大麥）也。二麥一峯，象其芒束之形。天所來也。故爲行來之來。"譯：來，周代先人所接受的西域瑞麥。一支來麥有二支麥峰，象麥子的芒刺形狀。它是天送來的寶貴禮物，所以稱這種莊稼爲"行來"的"來"。

甲骨文 𣏟 麥子的象形。麥的本字。麥子秋天下種，來年收穫。

208. 麥（麦）麥

《說文》："芒穀，秋種厚薶，故謂之麥。从來，有穗者；从夊（suī）。譯：帶芒刺的穀物，秋天種下，冬天被雪厚埋，因此稱爲"麥"。用"來"作意符，表示有穗；用"夊"作意符。

甲骨文 麥 从來从夊。古人認爲來（麥子）是"天所來也"，因此又引申爲動詞"行來"的"來"，不過在名詞"來"之下加一隻腳"夊"而寫作"麥"，以表示是動詞行來的"來"。後來完全顛倒了："來"成了動詞，而加"夊"的"麥"反而成了名詞"麥"。

209. 瓜 瓜

《說文》："㼎也。象形。"譯：藤蔓上結着一串葫蘆似的瓜。象藤蔓上結瓜的形狀。

金文 ⦿ 字形象瓜藤上掛着一个瓜。例字：

瓠(hù) 金文 🦴 从瓜夸聲。葫蘆的一種。果實細長橢圓的叫"瓠"；扁圓的叫"匏(páo)"。

210. 周 啁

《說文》："密也。从用口。"譯：密合。从用、口會意。

甲骨文 圍 象田裏密植莊稼。本義周密。後來加口，專指擅長農耕的周人。

211. 倉(仺)倉

《說文》："穀藏也。蒼黃取而藏之，故謂之倉。从食省，口象倉形。"譯：倉，收藏稻穀的糧庫。通常在稻穀成熟、顏色倉黃之時將它們收割入庫，因此稱糧庫爲"倉"。字形用有所省略的食和口會意，口象糧倉的形狀。

甲骨文 倉 人是屋頂，底下的口是廩(放穀的櫃子)，中間是户(倉門)。本義收藏穀物的地方。

212. 亩 廩

《說文》："穀所振入也。宗廟粢盛。蒼黃亩而取之，故謂之亩，从入从回，象屋形。"譯：五穀脫粒後收藏的糧倉。宗廟祭祀慶祝豐收，穀物倉黃時采收脫粒，所以將穀倉叫作亩，从入从回會意，象屋子之形。

金文 ⚘ 廩本作亩。象穀倉之形。本義穀倉。後來加广、禾成"廩"，强化了倉庫的屬性，並逐漸代替了"靣"。

213. 嗇(啬) 畵

《説文》："來麥靣也。从來、靣，來者靣而藏之，故田夫謂之嗇夫。"譯：嗇，麥子收進靣。用來、靣會意。表示把麥子放進倉靣收好，所以田夫又叫嗇夫。

甲骨文 畵 上來(麥)下靣。古"嗇、穡"同字，字形是从來(麥的本字)藏於廩中，本義收穫莊稼。如《詩經·伐檀》"不稼不穡"的"穡"即收穫的意思。

214. 井 丼

《説文》："八家爲一井。象構韓形，䍜(罋)之象也。古者伯益初作井。"譯：古制八家共汲一井。井字象木結構的井沿形狀，"丶"象汲瓶的樣子。據説古昔時代一个叫伯益的人最早發明了水井。

甲骨文 丼 象井欄。中間或加一點，原來是爲字形填空的裝飾，後來認爲是汲瓶。"邢"古亦作"井"，"邢、阱"同字。

215. 錄(录) 錄

《説文》："金色也。从金彔聲。"譯：金色。錄與綠同音。金色在青黃之間也。

甲骨文 彔 彔是井上的轆轤的象形。轆的本

116

字。記錄的錄是形聲字。後人多借录爲錄，許慎遂以爲二者是古今字。

216. 鹵（卤）卤

《說文》："西方鹹地也。象鹽形。"譯：西方的鹽鹹地。裏面的"米"象鹽粒的形狀。

甲骨文 ◎ 象鹽鹵罐，也代表罐中的鹽鹵。

例字：

鹽（盐） 金文 从鹵監聲。本義食鹽。《說文》："天生曰鹵，人生曰鹽。"

九、穿戴類漢字

217. 衣 衣

《說文》："依也。上曰衣，下曰常（裳）。象覆二人之形。"譯：衣，人們遮羞蔽體所依賴的東西。上身穿的叫"衣"，下身穿的叫"裳"。"衣"字的字形，象是一個"人"字覆蓋了兩個"人"字。

甲骨文 衣 象衣之左右襟交复之形。作偏旁時作"衣"或"衤"。例字：

衫 甲骨文 衫 从衣彡聲。本義短袖單衣。

初 甲骨文 初 从衣从刀。以刀裁衣之形。本義裁衣。古人認爲能平安度過隆冬是很不容易的，所以對做寒衣十分重視。做寒衣意味着冬天初至，故引申爲"最初"的"初"。

裨 小篆 裨 从衣、卑，卑亦聲。古人做衣服如遇見尺寸不够的布料時，另以別的布帛接上。所以本義爲弥補。引申爲益處。

卒 金文 卒 卒本作"卒"，是古代當差人所穿有標志的衣服（号衣），故當差人也稱爲"卒"。字形訛變成"卒"後看不出本義了。

表 金文 表 外衣内毛，本指外衣，引申爲外表。

裴 金文 裴 从衣非聲。長衣下垂的樣子。

蓑 甲骨文 蓑 从衣，内象雨衣形。艸做的雨衣，蓑的本字。

袁 金文 𧘇 从衣，叀省聲。古時上衣之形。本義寬大的上衣。

裘 甲骨文 𧘇 字形是衣上有毛的形象。毛皮衣服的通稱。

被 金文 𧘇 从衣从皮，皮亦聲。睡覺時蓋的被子。

褻(亵) 金文 𧘇 从衣執聲。貼身內衣，在家穿的便服。

裝(装) 金文 𧘇 从衣壯聲。本義行裝。

補(补) 金文 𧘇 从衣甫聲。本義縫補衣服。

襲(袭) 甲骨文 𧘇 从衣，龖(dá)省聲。本義一套衣服。借用爲承襲、襲擊。

雜(杂) 甲骨文 𧘇 从衣集聲。本義衣服如鳥羽五彩相綴。

218. 乍 ㄣ

《說文》："止也，一曰亡也。从亡从一。"譯：乍，制止。一種說法認爲，"乍"是"亡"的意思。字形由"亡、一"構成。

　　甲骨文 ㄣ 象上衣的衣襟，表示製作衣服。"作"的本字。借爲虛詞。例字：

作 甲骨文 ㄣ 同乍。本義製作衣服。小篆定形爲加"人"的"作"。

219. 冖(mì) 冂

《説文》:"覆也。从一下垂也。"譯:覆蓋。象一塊布垂下。

金文 ∩ 覆物的巾。後多作冪、幂。例字:

幂 甲骨文 從冖從冥。本義遮蓋東西的巾。後加形旁巾。

蒙 甲骨文 從冖從豕。本是被遮住眼的人,後來變成被遮住眼的豕。本義愚昧。引申爲欺騙。後加艸,加強遮擋。

冥 金文 從冖從日從宀(miǎn)會意。宀(房子上的日被冖遮住。本義黑暗、幽暗。

220. 冃 (mào)

《説文》:"小兒蠻夷頭衣也。从冂,二其飾也。"譯:小兒和蠻夷頭上戴的有裝飾的帽子。以冂爲字根,二是帽子上的裝飾。

甲骨文 小孩及蠻夷所戴帽子的象形。帽的本字。"冖、冃"同爲帽的象形。後來字形作"冒"。

例字:

冒 甲骨文 本作冃,帽的象形。後加形旁目,作冒犯。

冠 金文 以手持帽戴於人頭之上之形。

免 金文 人戴帽子之形。冕的本字,本義帽子。借爲去掉、不要。

冕 金文 從冃免聲。大夫以上的官員所佩戴的禮帽。

最 甲骨文𡔽 从冃从取會意，本義斬獲很多敵人。引申爲最多。

221. 巾 巾

《說文》："佩巾也。从冂，丨象繫也。"譯：佩帶的飾巾。字形以"冂"爲字根，"丨"象繫巾的繫繩。

甲骨文巾 巾是古人繫於身上的手帕，"丨"象繫帶。例字：

帛 甲骨文帛 从巾白聲。白，米的本色（詳見白的說解）。帛，古代本色絲織品的通稱。

佩 金文佩 从人、凡、巾會意，指衣帶上所佩帶的飾物。珮的本字。

希 金文希 从爻从巾會意。織的稀疏如网的麻布。稀的初文。

布 甲骨文布 从巾父聲。麻織的粗布。

市(fú) 金文市 从巾上一帶。衣服前襟。紱的本字。

帶(带) 金文帶 腰帶的象形。後加巾作形旁。

常 甲骨文常 从巾尚聲。裳的本字。本義下身穿的衣裙。後來被借爲經常。

帙(zhì) 金文帙 从巾失聲。本義書的封套。

帆 甲骨文帆 从巾凡聲。本義船帆。

帖 今文帖 从巾占聲。帛布上書寫的題簽。引申爲字帖。

幅 金文 幅 从巾畐聲。布帛的寬度。

幕 金文 幕 从巾莫聲。帷幔的頂布。

幣(币) 甲骨文 幣 从巾敝聲。本義送禮用的帛布。引申爲貨幣。

帥(帅) 金文 帥 从巾𠂤(duī)會意。本義佩巾。引申爲首領。

帳(帐) 金文 帳 从巾長聲。本義床帳。

222. 幺 8

《説文》："小也。象子初生之形。"譯：細小。字形象嬰兒剛出生的樣子。

甲骨文 8 古代幺同玄，是糸的初文，本義微小。四川話中的"幺妹"就用幺的本意。例字：

幼 甲骨文 幼 手托幼兒之形，本義就是剛出生的幼兒。

幾(几) 甲骨文 幾 从二幺从戍。本義細小的苗頭。引申爲幾乎、多少。幾與几(茶几)無關，簡化爲几。

麽(么) 甲骨文 麽 从幺麻聲。本義細小。借作語气詞。

223. 玄 𤣥

《説文》："幽遠也。黑而有赤色者爲玄。"譯：幽遠。黑中帶紅的顏色爲玄色。

甲骨文 8 可見同幺。"黑而有赤色"是後起義。

清代避玄燁(康熙)諱改"天地玄黃"爲"天地元黃"。

224. 糸(mì) 糸

《說文》:"細絲也。象束絲之形。"譯:細絲。字形象一束細絲的形狀。

甲骨文 ⚎ 一束絲的象形。做偏旁時現代作"纟"。例字:

索 金文 ⚎ 冬天奴隸在室內搓絞繩索之形,故字形从冂(室內)从𠬞(雙手)从糸。所以本義搓繩,也當繩索(名詞)講。

累 甲骨文 ⚎ 从糸从畾。本義積累。

徽 金文 ⚎ 从糸微省聲。本義由三股綫合成的繩子借指徽章、符號。

綫(线) 金文 ⚎ 从糸戔聲。比絲稍粗的綫縷。

繩(绳) 金文 ⚎ 从糸从黽。本義繩子。

經(经) 甲骨文 ⚎ 本指織布時的經綫。後加糸表義。

糾(纠) 甲骨文 ⚎ 本作丩。繩綫多股絞合在一起。後加糸表義。

結(结) 甲骨文 ⚎ 从糸吉聲。絲綫交織在一起。

統(统) 甲骨文 ⚎ 从糸充聲。將幾根繩綫一齊打結。

績(绩) 甲骨文 ⚎ 从糸責聲。把麻搓成繩。

總(总) 甲骨文 ⚎ 从糸恩聲。本義紮束絲綫。引爲聚合。

純(纯) 甲骨文 🔣 从糸屯聲。本義蠶絲。引申爲單一的顏色。

紅(红) 甲骨文 🔣 从糸工聲。本指粉紅色，泛指紅色。

綠(绿) 金文 🔣 从糸彔聲。本義絲帛呈青黃色。

終(终) 甲骨文 🔣 一根絲兩端各打一個結，表示終結。字形實際只有"夂"這一部分。冬天是一年的終結，所以後來字形加上意符仌(冰)而寫成"冬"，表示冬天，又加上糸成"終"表示終結。

絕(绝) 甲骨文 🔣 刀斷絲束之形。小篆 🔣 定形爲从糸从刀从卩。本義以刀斷絲。又因爲斷絕而有到頭的意思，所以有頂點的含義。如杜甫詩"會當凌(攀登)絕頂，一覽眾山小。"

綴(缀) 甲骨文 🔣 从叕从糸。本義縫合。引申爲連結。

紳(绅) 金文 🔣 从糸申聲。本義士大夫束在衣外的大帶子，借指士大夫。

繼(继) 甲骨文 🔣 从糸䌛(ji)聲。本義續絲。引申爲接續。

約(约) 甲骨文 🔣 从糸勺聲。本義纏繞、捆綁。

纖(纤) 甲骨文 🔣 从糸韱聲。本義細小。

級(级) 甲骨文 🔣 从糸及聲。本義絲品的等第。

124

紀（纪）　金文 𥾆　从糸己聲。本義絲的頭緒。引申爲紀律。

納（纳）　金文 納　从糸内聲。絲被水浸湿。

綱（纲）　金文 綱　从糸岡聲。本義网上的總繩。

紛（纷）　金文 紛　从糸分聲。包馬尾的套子。引申爲雜亂。

紐（纽）　甲骨文 紐　从糸从丑會意。本義給絲綫打結。

練（练）　金文 練　从糸柬聲。本義把生絲煮熟。

組（组）　金文 組　从糸且(zǔ)聲。本義用絲編織。引申爲組織。

細（细）　金文 細　从糸囟聲。本義細小。

紹（绍）　金文 紹　从糸召聲。本義繼承。

給（给）　金文 給　从糸合聲。本義供給。

繪（绘）　金文 繪　从糸會聲。本義彩色刺繡。引申爲繪畫。

綏（绥）　金文 綏　本作妥，一大手按住一跪地女子，表示制服了她。小篆開始加糸成爲綏，又被借爲上車時挽手的繩子。綏、妥分成兩个字。

緒（绪）　金文 緒　从糸者聲。絲綫的綫頭。

續（续）　金文 續　从糸賣聲。本義連接。

維（维）　金文 維　从糸隹聲。本義拴東西的繩。

緣（缘）　金文 緣　从糸彖聲。本義衣服的邊飾，引申爲邊緣。

225. 絲(丝) 絲

《說文》:"蠶所吐也。从二糸。"蠶吐的絲。用兩個糸會意。

甲骨文 ⃝　甲骨文不拘形體的多寡,所以"絲"與"糸"本義相同。後來分化成作偏旁時作"糸",單用時爲"絲"。

幺、玄、糸、絲在甲骨文中是一個字,漢代已分化爲幺(小)、玄(遠)、糸(作偏旁)、絲(獨用)。其中糸、絲較後起,幺較早。甲骨文所以難識,異體字多是一重要原因。例字:

茲(兹) 甲骨文 ⃝　絲的本字。後來加艸。借爲近指代詞。

樂(乐) 甲骨文 ⃝　由木上絲會意爲古琴。本指樂器引申爲音樂,又引申爲喜悦。从𢆶从戍。

226. 系(xì) 系

《說文》:"縣(悬)也。从糸、厂(yì)聲。"

甲骨文 ⃝　一隻手抓兩束(或三束)絲以顯示彼此之間有聯系,故本義是"聯系"。動詞繫(jì 捆綁)簡化成了系。例字:

縣(县) 金文 ⃝　从系从𥄉,象一顆人頭懸掛在樹上。县是"悬"的本字,後來借用作行政單位,又造出形聲的"悬"。

227. 率 率

《説文》:"捕鳥畢(bān)也。象絲网,上下其竿柄也。"譯:捕鳥的网。率象絲織的网,上部的"宀"和下部的"十",是捕鳥网的竿和手柄。

甲骨文率 可見从彳(道路或行走)从8(繩索),故有"牽引"即"率領"的意思。

228. 爾(尔) 爾

《説文》:"麗爾,猶靡麗也。从冂从㸚(lí),其孔㸚,介聲。此與爽同意。"譯:麗爾,猶如靡麗。用冂、㸚會意,表示孔格交織,介作聲旁。"爾"與"爽"都用"㸚"作形旁,造字構思相同。

甲骨文爾 纏繞蠶絲的架子。借爲代詞。爾的簡體字"尔"早在戰國時就出現了。例字:

你 金文你 从人从尔(第二人稱代詞)。現代人創造的第二人稱代詞。

229. 革 革

《説文》:"獸皮治去其毛曰革。革,更也。"譯:將獸皮上的獸毛脫去,對獸皮做加工軟化處理。革就是改變皮子。

金文革 象剝了皮的羊頭、羊身、羊尾巴。所以本義剝皮。引申爲熟好的皮子——革。从剝皮又引申出革命、革新等意思。例字:

勒 甲骨文勒 从革力。馬頭上繫着馬嚼子的籠頭。

靳 金文䩞 从革斤聲。套在轅馬胸部的皮革，代指轅馬。

鞘 金文䩞 从革肖聲。刀劍的套子。

鞭 甲骨文䩞 人手持皮鞭打馬屁股，會意字。小篆開始加形旁"革"。本義皮鞭。

230. 皮 肖

《說文》："剝取獸革者謂之皮。从又，爲省聲。"
譯：剝下獸皮叫皮。字形用"又"作形旁，用省略式的爲作聲旁。

　　金文䩞 一隻手正在剝死獸的皮。本義剝皮。在先秦時也專指獸皮。例字：

皺（皱）金文䩞 从皮从刍。本義皮膚皺紋。

皴（cūn）金文䩞 从皮夋聲。皮膚干裂。

十、邑居類漢字

231. 宀(miǎn) ⌂

《說文》："交覆深屋也。象形。"譯：宀，屋頂兩坡相交覆蓋的高頂房屋。字形象屋子之形。

甲骨文 ⌂ 屋子的象形。卜辭中獨用，金文開始多作義符。

卜辭中"宀""宅"互見，但用法有別。宀是名詞"宅舍"；宅是動詞"居住"。後來宅通行而宀只作偏旁。例字：

宅 甲骨文 ⌂ 人在屋裏，居住的意思。作名詞"宅舍"是取代了宀而成。

家 甲骨文 ⌂ 从宀从豕。屋內有豬的意思。上古之人以遊獵爲生，漂泊不定。後來進化到把獵得的活獸豢養以備用，這才定居下來。於是屋內養豬者，都是定居的人家。

冢 金文 ⌂ 从勹从豖(chù)。與家同源，生時爲家，死後爲冢。豖爲豕加一畫，表示被捆的豬，是祭品。把宀寫成勹也指墳包。本義高大的墳墓。

向 甲骨文 ⌂ 是房屋中向北的窗戶。後來才引申爲"方向"的"向"。

字 金文 ⌂ 从宀从子。屋內育兒之形，本義養育。文字、名字的"字"是假借意。

安 甲骨文㊉　女在宀下，安静的意思。

官 甲骨文㊉　从宀从𠂤(duī)。𠂤，古"師"字，即"衆"也。字形本義是官吏治事所居之處，作"官舍"講。後來引申爲一切有官職者之稱。

宦 金文㊉　从宀从臣，是在室内勞作的奴隸、家臣。後來成爲小官之稱。後專稱宦官。

守 金文㊉　从宀从寸。宀，表示官府的事。寸，表示法度。本義是官吏的操行、节操。引申爲遵守、奉行。

客 金文㊉　从宀从各。各是一隻腳走到門口，表示到來之意。各加宀(房子)成"客"，本義客人。

宿 甲骨文㊉　室内人臥在席子上。本義住宿之處。

完 金文㊉　从宀从元，元亦聲。宀能保護元(人)完好。

害 金文㊉　从宀从丯(jiè)从口。丯，散亂。會意爲在家裏開口亂説話，會造成傷害。

宇 金文㊉　从宀于聲。本義屋檐。後泛指房子。

宴 甲骨文㊉　从宀从日从女。會意爲男女之歡。"宴爾新婚"的宴用本義。引申爲歡宴。

定 甲骨文㊉　从宀从正。人到家裏，安穩的意思。

宮 甲骨文㊉　从宀，躳省聲。穴居時代的洞窟之形，本爲一切房屋的通稱。从秦始皇開始成帝王所居專稱。

宋 金文󰀀 从宀从木。本義居所，現本義已失。

寒 金文󰀀 人睡在屋裏的草堆裏，仍然象睡在冰上一樣寒冷。本義天冷。

冗 甲骨文󰀀 从宀从人會意。人在屋裏，閑閑散在家。本義閑散、多餘的人。

宣 金文󰀀 从宀从亘(xuán)會意。古代帝王的大宮室。

室 甲骨文󰀀 从宀从至會意。至表示止息之地。本義内室。

府 金文󰀀 从宀从貝付聲。儲藏文書或財物的地方。小篆後定形爲从广付聲。引申爲官府、學府。

灶 甲骨文󰀀 从穴黽(cù 蟾蜍)聲。生火煮飯的設施。現在通行的簡化字是後人另造的會意字，从火从土，已和原字没有關聯了。

宏 甲骨文󰀀 从宀厷聲。本義屋子大，引申爲广大。

容 金文󰀀 从宀谷會意。本義盛放、收藏。

寄 甲骨文󰀀 从宀奇聲。本義托付。

富 甲骨文󰀀 从宀畐聲。本義富有。

塞 甲骨文󰀀 从宀从兩手兩工會意爲往屋裏填東西。本義堵塞。

寡 甲骨文󰀀 宀中一人，目光愁苦。孤獨一人爲寡。

賓(宾) 甲骨文󰀀 从宀从人从止，象人至屋裏，本義賓客。後加貝表示帶禮物來的人。

寬(宽)　甲骨文🔲　从宀莧(huán)聲。本義房屋寬大。

審(审)　甲骨文🔲　从宀从番會意。本義詳細詢問事情經過。

憲(宪)　甲骨文🔲　上面是張貼的告示，下面是眼睛。把法律張貼公示就是憲。小篆開始又加心旁。本義法令、法律。

寵(宠)　甲骨文🔲　从宀龍聲。尊貴的居所。

232. 造 🔲

《説文》："就也。从辵告聲。"譯：做成。字形用"辵"作形旁，"告"作聲旁。

金文 🔲　从宀从床（爿）从告。一個房子裏一張床，告象男女交合之形。本義操，造人的意思，引申爲制造。"造化"的"造"保留了造的本義。

233. 舍 🔲

《説文》："市居曰舍。从亼(jí)中，象屋也。口象筑也。"譯：給路人歇腳的簡易房屋叫舍。从亼从中會意，象屋子的形狀。口象筑的牆。

金文 🔲　象路邊給人臨時歇腳的涼亭之形。

234. 余 🔲

《説文》："語之舒也。从八，舍省聲。"譯：表示語气舒緩的助詞。字形用"八"作形旁，用省略了"口"的"舍"作聲旁。

甲骨文 ⟨字⟩ 字形象原始居民在樹上搭蓋的小屋。從甲骨卜辭開始借爲第一人稱代詞。

235. 穴 ⟨字⟩

《說文》："土室也。从宀(miǎn)，八聲。"譯：土室。字形用"宀"作形旁，用"八"作聲旁。

金文 ⟨字⟩ 洞口形象，本義岩穴。例字：

突 甲骨文 ⟨字⟩ 是犬從洞穴中衝出之形。本義急速前衝。

空 金文 ⟨字⟩ 从穴工聲，本義孔穴。

穿 金文 ⟨字⟩ 牙在穴中。鼠牙善打洞，咬穿東西。本義穿透。

究 金文 ⟨字⟩ 从穴九聲。本義窮盡。

簾(帘) 金文 ⟨字⟩ 从竹廉聲。竹子制成遮蔽門窗的東西。甲骨文、金文、小篆皆無"帘"字，應是後人專爲簾創造的簡化字，从穴从巾會意，本義門簾。

窮(穷) 金文 ⟨字⟩ 从穴躬(躳)聲。本義洞穴的盡頭。

竇(窦) 金文 ⟨字⟩ 从穴，瀆省聲。本義孔穴。

236. 寫(写) ⟨字⟩

《說文》："置物也。从宀(miǎn)舄(xi)聲。"譯：把東西放在屋裏，从宀得義，从舄得聲。

甲骨文 ⟨字⟩ 屋内一舄(喜鵲)之形。帶來喜气，消除晦气。本義消除，後借爲寫字的"寫"。

237. 囗 (wéi) 囗

《說文》:"回也。象回帀之形。"譯:圍一圈。象環繞之形。

金文 囗 國都的城垣,本義國邑。例字:

國(国) 金文 或 从囗从戈。囗是國都,以戈保衛之。古文獻中國既是"國都"又代表"國家"。字形原作"或",後來被借爲不定代詞。才又加"囗"造"國"表示國家的範圍。

園(园) 甲骨文 囩 从囗袁聲。種植果木的地方。

團(团) 金文 團 从囗專聲。本義圓形。

圓(圆) 金文 圓 从囗員聲。本義圓形。

囚 甲骨文 囚 人被四面圍住。本義囚禁,後引申爲被囚之人(囚犯、囚徒)。

回 甲骨文 回 迴環之狀,或說水流、河道迴繞之狀。本義迴繞。篆書定形後从囗,後來"回"當"來回"講,才又造一"迴"字。

固 金文 固 从囗古聲。本義城郭堅固。

囡 金文 囡 从囗从女會意。把一个小女孩圍起來以保護其安全。本義小女孩。

圈 金文 圈 从囗卷聲。飼養牲畜的柵欄。

圃 金文 圃 从囗甫聲。種菜的園子。

238. 邑 邑

《說文》:"國也。从囗。先王之制,尊卑有大小,从卩(節制的節)。"譯：邑，小邦國。从口，在先王的制度中，公、侯、伯、子、男有尊卑高下的不同，所管轄的地域大小也不同，用卩作邊旁。

甲骨文 㕣 从口(國)从人。表示是人所聚居的範圍或圈子，本義城邑、都邑。作偏旁時在字的右邊，寫作"阝"。例字：

那 甲骨文 㝈 从邑冉(rǎn)聲。西北少數民族的諸侯國。今人用"那"字皆爲柰何之合聲。

郎 甲骨文 㝈 从邑良聲。君王侍從官。

都 甲骨文 㝈 从邑者聲。有先君舊宗廟的地方叫都。本義大都市。

巷 甲骨文 㝈 从邑从共。城市中的公共區域，巷道。

祁 金文 祁 从邑示聲。古地名，今山西祁縣。

郊 甲骨文 㝈 从邑交聲。距離國都百里的幅地爲郊區。泛指城外。

部 甲骨文 㝈 从邑音聲。天水郡狄部所在地。假借爲部分。

鄉(乡) 甲骨文 㝈 兩人對着食物大吃，飨的本字。本義用酒食招待。後借爲鄉村。

邨(村) 甲骨文 㝈 从邑屯聲。本義人聚居的村莊。

郵(邮) 甲骨文 㝈 从邑从垂(邊陲)會意。表示从城市到邊陲之間的驛站。本義驛站。

鄰(邻) 甲骨文 㝈 从邑粦聲。本義五家爲鄰，引申爲鄰居。

239. 郭

《說文》："齊之郭氏虛。善善不能進，惡惡不能退，是以亡國也。从邑𩫡聲。"譯：郭，齊國境內已被滅亡的丘墟。喜歡善良，卻不能進舉；憎恨醜惡，卻不能貶退，因此亡國。用邑作形旁，用𩫡作聲旁。

甲骨文 城門樓子連着城牆之形，廓的本字，本義外城。金文 開始加形旁邑。例字：

城 金文 从郭(外城)成聲。後來字形才變成从土。

壞(坏) 甲骨文 从郭(外城)裹(huái)聲。本義城牆倒塌、毀壞。引申爲不好。

240. 邦

《說文》："國也。从邑丰聲。"譯：諸侯封國。字形用"邑"作形旁，用"丰"作聲旁。

甲骨文 金文 古人在邊境種樹封疆之形。古代諸侯接受分封的土地，必種樹以爲標記，故甲骨文字形从田(田)从木(樹)，金文則从木(樹)从邑(邑)。古代封、邦爲同一字。

241. 圖(图)

《說文》："畫計難也。从口从啚。啚，難意也。"譯：圖，謀劃一個艱難的宏大目標。字形用口、啚會意。啚，表示艱難的意思。

甲骨文 [图] 从口从啚是对的，但許慎的解说太牽強。口是國界，啚(鄙)是偏遠的地方，把最遠地方都包括在内，即國之版圖。

242. 冂(jiōng) 冂

《說文》:"邑外謂之郊，郊外謂之野，野外謂之林，林外謂之冂。象遠介(界)也。从口，象國邑。"
譯：城邑的外面叫郊，郊的外面叫野，野的外面叫林，林的外面叫冂。象遠方的分界綫。用口作形旁，象國邑的界綫。

金文 冂 冂只畫三邊，是怕與口(圍)字形相混。因冂是比口更外的邊界，所以後來加口成"冋"。冂的本意指遙遠的邊界，又引申出"遙遠"的意思。冂→冋→迥。例字：

市 金文 [字] 从冂从乁从止。買賣時前往的交易場所集市。

243. 京 亰

《說文》:"人所爲絶高丘也。从高省，丨象高形。"
譯：京，人工筑成的絶高土臺。字形用省略了口的高作形旁，豎筆丨則象土臺高耸的形象。

甲骨文 [字] 字形象高高的城牆上有高大的城樓，本義國都。引申爲高大。例字：

就 金文 [字] 从京从手。攀到最高處，本義靠近、接近。

244. 高 高

《说文》:"崇也。象臺觀高之形。从冂口。與倉舍同意。"譯:高,崇高。字形象臺觀建筑高聳的樣子。用冂口會意。口与倉、舍字形下部的"口"意思相同。

甲骨文 髙 "高"與"京"頭同足異,頭象屋宇之形狀。"京"底下的三竪代表屋宇的基礎,表示基礎堆得"絕高";而"高"的基礎从冋(遥遠),即基礎遠(大),這樣才能堆得高,故本義是"高"。

例字:

亮 金文 从儿从高省,本義高人,引申爲明亮。

亭 金文 从高省,丁聲。路邊讓行人歇息的建筑。

臺(台) 小篆 从至从之,从高省。正方形的高大建筑。"臺"和"台"没有任何關係,但是被簡化成"台"。

245. 良 良

《说文》:"善也。从畗(fú)省,亡聲。"譯:良,善良。字形用有所省略的畗作形旁,用亡作聲旁。

甲骨文 可見無畗也無亡,是長廊的形狀,應是廊的本字。後借用爲善良。

246. 亞(亚) 亞

《说文》:"醜也。象人局背之形。賈侍中説:以爲次第也。"譯:亚,醜貌。象人拱背的形狀。賈侍

138

中説：亞，我以爲表示的是次第順序。

甲骨文 亞 應是宗廟類建築的布局輪廓之形，商周青銅器的廟器上常有亞字形可證。本義宗廟，引申爲官名。《左傳》："亞，大夫也。"例字：

惡(恶) 甲骨文 𢛳 从亞从心。本義凶狠、厭惡。

247. 門(门) 門

《説文》："聞也。从二户。象形。"譯：門，活動的兩户，開關時可以聽到轉動的聲響。字形用兩个户會意。

甲骨文 門 兩扇門之形。 例字：

閂(闩) 金文 閂 从門从一(插門的橫木)會意。本義門閂。

悶(闷) 甲骨文 悶 从門从心會意。心被關在門裏，所以心中憋悶。本義内心憋悶。

間(间) 金文 間 字形是用月光从門的縫隙中漏進來表示"間隙"。又因爲無論是月光从門縫中透入或日光从門縫中透入，意思都是一樣的，所以間、閒古代通用。

閉(闭) 金文 閉 把門拴上爲"閉"。

開(开) 金文 開 字形是雙手把門推開，本義是開門。後來引申爲較爲抽象的"開關"的"開"。

關(关) 金文 關 用繩子把兩扇門拴上是"關"。

閑(闲) 甲骨文 閑 从門中有木，本義門檻。引申爲

139

馬圈、柵欄，又引申爲清閑。

閱（阅）甲骨文䦫 从門兌聲。本義清點、計算家裏的東西。引申爲察看。

閃（闪）金文䦕 从人在門中會意。本義人在門縫偷看。引申爲忽隱忽現。

闖（闯）金文䦗 从門从馬會意。象馬一樣突然闖出門外，本義迅猛。

閔（闵）金文䦘 从門文聲。憫的本字，本義悲憫。

閨（闺）金文䦛 从門圭聲。特別打造的門拱，上圓下方，象玉圭的形狀。引申爲內室，特指女子臥室。

248. 戶 户

《說文》："護也。半門曰戶。象形。"譯：可開可關、用以保護家園的活動設施。半邊門叫"戶"。字形象半邊的門板。

甲骨文 戶 許說正確。戶是一扇門（半門）的形象，故有"小戶人家（即清貧之家）"與"高門大宅"對稱。例字：

房 甲骨文䂇 从戶方聲。正室兩側的旁室。

扇 甲骨文䂉 从戶䎃(chi)聲，本義門扉。

扁 金文䂊 从戶冊。在門戶上題署名號。區的本字。

扉 金文䂋 从戶非聲。本義門扇。

啟（启）甲骨文䂌 从戶从手，本義開門。引申爲開导後，又加口。

249. 囱 (cōng) 囱

《說文》："在牆曰牖，在屋曰囱。象形。窗，或從穴。"譯：在牆壁上的叫"牖"，在屋頂的叫"囱"。字形象窗口之形。窗是"囱"的異體字，用"穴"作形旁。

金文 囱 窗的象形。窗的本字。本義天窗。

例字：

窗 金文 囱 本作囱。本義天窗。後加形旁穴。

250. 厂 (hǎn) 厂

《說文》："山石之厓巖，人可居。象形。"譯：厂，山石形成的崖岩，崖下人可居住。象崖屋之形。

金文 厂 借山崖爲一面牆，有頂的居室之形。與广同源。厂者，山石之崖岩。因之爲屋，是曰广。石的古文。例字：

岸 金文 岸 從厂從山干聲。水邊高聳的崖岩。

厚 甲骨文 厚 從厂從㫃。本義山陵崇高。

仄 金文 仄 從人在厂下。人在矮檐下扭着脖子讓頭部朝一邊側傾。本義傾斜。

厲(厉) 甲骨文 厲 從厂從萬。本義磨刀石。借爲猛烈。

251. 广 (guǎng) 广

《說文》："因厂爲屋，象對刺高屋之形。"譯：依傍岩岸架屋，象高聳的房屋的樣子。

甲骨文 广 从宀（冂），象宀（miǎn）少一面牆。本義是四面無牆的大屋。引申爲大、寬闊。例字：

斥 金文 䧹 从广从屰。拆的本字。本義擴大房屋。

庖 金文 㿻 从广包聲。本義廚房。

底 金文 㡳 从广从氐會意。本義物體的最下部。

庇 金文 庇 从广比聲。蔭蔽保護。

庶 金文 庶 从广从炗。炗，古文光字。聚集在屋下的群眾。

廉 甲骨文 廉 从广兼聲。本義窄小的屋子。

序 甲骨文 序 从广予聲。堂屋前的東西兩側門牆。借爲學校。引申爲次序。

康 甲骨文 康 从庚下穀粒。庚是脫穀的農具。康是糠的本字。本義秕穀。

廢(废) 甲骨文 廢 从广發聲。本義房屋倒塌。

廚(厨) 金文 廚 从广尌聲。本義廚房。

廟(庙) 甲骨文 廟 从广朝聲。本義敬祖的場所。

龐(庞) 甲骨文 龐 从广龍聲。高大的房屋。

廬(庐) 金文 廬 从广盧聲。農人安置在田間臨時居住的棚舍。引申爲簡陋的房屋。

252. 學(学) 學

《說文》："覺悟也，本作斅。"譯：使人覺悟。本來寫作斅。

甲骨文 ⚊ 一所學校的形狀，上有爻表音。本義學校。《孟子》："夏曰校，殷曰序，周曰庠，学則三代共之。"金文 ⚊ 加雙手表示合力興學，後來又加子表示培養學子。

253. 寧(宁) ⚊

《說文》："辨積物也。象形。"譯：分別貯存物體的器物。象形字。

甲骨文 ⚊ 屋子裏有一桌子，桌子上有盛食物的皿，表示衣食豐足，生活安定。本義安寧。後來加心會意爲安心。

254. 里 里

《說文》："凥(居)也。从田从土。"譯：人聚居的地方。用田土會意。《周禮》：五家爲鄰。五鄰爲里。

金文 ⚊ 从田从土會意。邑中居處稱里。本義人所生活的地方。引申爲故鄉。里在銘文中也作量詞。與裏外的裏無關，裏外的裏是从衣裏聲的形聲字，簡化後也寫作"里"。

255. 野 野

《說文》："郊外也。从里予聲。"譯：城郊到山林之間的地帶。字形用里作形旁，予是聲旁。

金文 ⚊ 可見与里、予無關，用土上長樹會意，指郊野。

256. 上 ⚊

《說文》:"高也。此古文上。指事也。"譯:高處。上,這是古文的"上"字,是指事字。

甲骨文 二 指事字,長橫是地平綫,上面的短橫是指事符号。上是較抽象的方位詞。

257. 下 丅

《說文》:"底也。指事。"譯:底部。指事字。丅,這是古文的"丅"字。

甲骨文 二 与上相反。

十一、器用類漢字

258. 品 品

《說文》:"眾庶也。从三口。"譯：品，眾庶萬民。字形用三个口會意。

甲骨文品　用三个（很多）器皿表示品類多。本義物品眾多。例字：

器　金文　从品从犬。由犬守護的許多有用的東西。本義器物。

區（区）甲骨文　从品在匚（fāng）中。本義把東西裝起來。引申爲區分、區別。

259. 串 串

《說文》沒有收录此字。

甲骨文　會意字，象把兩个東西串起來。本義貫穿。

260. 以（㠯）

《說文》:"用也。从反巳。"譯：用、可施行也。反寫的巳。

金文　以又作㠯。古代農具耜的象形，是耜的初文。从使用農具，引申爲用。後來多作虛詞。

261. 用 用

《說文》:"可施行也。从卜从中。"譯：可以施行。字形用卜、中會意。

甲骨文 屮 乃用之初文，象有柄之甬(桶)形。古代祭祖先時，把殺好之牲盛在桶裏，因而引申爲施用之用。"用、甬"本是一个字。周代金文 甴 分化出甬(甬)。秦漢以來用、甬並行，後世遂不知用、甬初文相同。例字：

庸 金文 庸 从用从庚。本義任用、使用。

甫 金文 甫 从用从父，父亦聲。古代男子的美稱。

262. 工 工

《説文》："巧飾也。象人有規矩。與巫同意。"譯：巧飾之技。象人手持規矩之形。"工"字的造字思路与"巫"字相同。

甲骨文 古 象砧形，金文 工 象斧子一類的工具。本義工具。引申爲做工的人，後又引申爲精細、巧妙。例字：

巨 金文 巨 从工，象人手握工之形。本義木匠用的方尺，矩的本字。《説文解字》里只有巨，没有矩。

任 甲骨文 任 从人从工。本義擔任。

263. 互 互

《説文解字》没有收録此字。

甲骨文 互 收絞繩索的工具之形。後借爲交錯、彼此。

264. 會(会) 會

《説文》："合也。从亼(jí)从曾省。曾，益也。"

譯：集合。字形用亼和省略了兩點的曾會意。曾表示增益。

甲骨文 🗎 上面是蓋，下面是器，中間有穀物積聚，故有會合、聚會的意思。

265. 耒(lěi) 耒

《説文》："手耕曲木也。从木推丯(jiè)，古者垂作耒耜以振民也。"譯：手持的耕田用的彎曲的木制工具。字形用木推丯會意，是用木除草的意思。古代一个叫垂的人發明耒耜幫助人們種田。丯，亂艸也。

甲骨文 耒 木制的除草工具，相當於鎬或鍬，最早爲木制。例字：

耕 金文 耕 从耒(耕地工具)从井(井田)。本義犁地。

耘 金文 耘 从耒云聲。本義耕田。

266. 力 力

《説文》："筋也。象人筋之形。"譯：筋骨。象人的筋骨的形狀。

甲骨文) 起土用的木制農具。尖頭、有齒，耒的本字。借爲力。例字：

功 金文 功 从力从工。出力，使國家安寧。

劣 甲骨文 劣 从力少。本義弱小。

勇 金文 勇 从力甬聲。使人充滿力量的志气。

147

加 甲骨文 𠯲 从力从口。本義夸贊。引申爲夸大。
劫 甲骨文 𠨲 从力从去。本義搶奪。
勤 金文 𠦝 从力堇聲。本義辛勞。
勞(劳) 甲骨文 𤆎 从二火从冖从力；金文 𤇾 从二火从冖从心。費心費力爲勞。
動(动) 小篆 䡱 从力重聲。起身做事。
務(务) 金文 𢾑 从力敄聲。本義從事、致力於。
勸(劝) 甲骨文 𩅦 从力雚聲。本義勉勵。
辦(办) 甲骨文 𨐣 从力辡聲。全力以赴地去做。
勝(胜) 金文 𠟭 从力朕聲。本義能承擔、勝任。
勝與胜本無關(胜本義腥)，簡化爲胜。

267. 男 𤰫

《説文》:"丈夫也。从田从力。言男子力於田也。"
譯：丈夫。用田、力會意，意思是男子在田間勞動耕作。

　　金文 𤰜 从力(農具，見耒的解說)从田，即致力於農田耕作的男人。《説文》男部下僅收"甥""舅"二字。例字：

甥 金文 𤰾 从男生聲。姊妹之子曰甥。
舅 金文 𤲃 从男臼聲。母之兄、弟曰舅。
虜(虏) 金文 𧇭 从男虍聲。本義俘獲、俘虜。

268. 劦(xié) 劦

《說文》:"同力也。从三力。"譯:一起出力,用三个力會意。

甲骨文 𠭯 字形爲三耒並耕之形。協的本字。本義協同、協作。

269. 其 𠀠

《說文》:"所以簸者也。象形。丌其下也。"譯:簸箕。象形字,下部丌是簸箕的墊座。

甲骨文 𠀠 是簸箕的象形,箕的本字。例字:

箕 甲骨文 𠀠 本作其。後來其被借爲虛詞,才又加形旁竹,造出"箕"。

簸 金文 𥳑 从箕从皮。本義揚去米糠。

270. 彗 𠽌

《說文》:"掃(扫)竹也。从又持牲。"譯:彗,竹帚。字形用彐(又)作邊旁,象是手持竹帚的樣子。

金文 𠽌 手持竹帚形。本義大掃帚。彗星因形狀象掃帚而得名。

271. 帚 帚

《說文》:"糞也。从又持巾埽冂內。"譯:帚,掃除垃圾。字形用又、巾、冂會意,表示一人手持布巾在冂內擦掃。

甲骨文 帚 一把笤帚的象形。本義小笤帚。

例字:

掃(扫) 甲骨文 𢺆 手拿笤帚。會意爲掃除。

歸(归)　甲骨文🈳　从帚(婦)𠂤(duī)聲。本義女子出嫁。後加形旁止。引申爲返回。

272. 皿 皿

《説文》:"飯食之用器也。象形,與豆同意。"譯:吃飯的用具。字形象盛具的形狀。"皿"字與"豆"字造字構思相同。

甲骨文 　象盆、碗之形,古代是飯食器之通稱。例字:

益　甲骨文　　水溢出器皿之外,是溢的本字。"增益"的"益"是引申義。

盆　金文　　从皿分聲。口大底小的圓形容器。

溫(温)　金文　　人在器皿中洗澡之形。本義溫暖、溫和。

盛　甲骨文　　从皿成聲。本義祭祀時將穀物放在容器中。

盤(盘)　甲骨文　　从皿般聲。本是古代一種盥洗用具。

盍　金文　　器皿的蓋子,盖的本字。借爲疑問詞何。

盥　金文　　从臼水臨皿。字形用"臼(兩手)、水、皿"會意,表示雙手捧水在洗盆上方洗手。

盧(卢)　甲骨文　　从皿𧆤聲。本義吃飯用具。

盡(尽)　甲骨文　　洗滌器皿之形。器空了才洗,故有"終盡"的意思。

盜(盗) 金文 [字形] 从次(涎的古字)从皿。即人見到他人器皿而垂涎之意，故有偷盜的意思，字形後來寫作"盜"。

蠱(蛊) 金文 [字形] 皿中有虫。人工培養的用於毒害他人的毒虫。

監(监) 甲骨文 [字形] 人用盛水器皿照影之形。古代沒有鏡子，故以水爲鏡。後來才用銅鑄成鏡子，字形也寫成"鑑"。"借鑑"則爲引申義。

273. 丸

《說文》："圜，傾側而轉者。从反仄。"譯：圓形物體，傾側後就轉動，字形是反寫的仄。

金文 [字形] 仄的反寫。義爲与仄的意思相反的圓形物體。

274. 瓦

《說文》："土器已燒之總名。象形。"屋瓦的象形。

甲骨文 [字形] 同許說。例字：

瓷 甲骨文 [字形] 从瓦次聲。本義瓦器。

甄(zhēn) 金文 [字形] 从瓦垔(yīn)聲。本義製造陶器的轉輪。引申爲審查、鉴別。

瓮 金文 [字形] 从瓦公聲。一種盛水或酒等的陶器。

275. 缶

《說文》:"瓦器所以盛酒漿。秦人鼓之以節謳(歌)。象形。"譯:一種小陶器,用來盛酒漿。秦地一帶的人們習慣用敲打缶來爲唱歌打拍子。字形象陶器之形。

甲骨文 㐬 春秋商代至戰國均有青銅缶,其形廣肩、斂口、高體、平底,有蓋。後來成爲盆罐一類器皿的通稱。例字:

缺 甲骨文 㪤 从缶,決省聲。本義盛器被打破。

釜 甲骨文 㸹 从缶父聲。古代炊具。如破釜沉舟。

缸 甲骨文 㓜 从缶工聲。一種大陶器。

罄 金文 㗊 从缶殸(qìng)聲。殸,古文磬字。中空的陶器。引申爲盡。

瓶 金文 㪻 从缶並聲。汲水的瓦器,現指瓶子。

276. 臼(jiù) 臼

《說文》:"舂臼也。古者掘地爲臼,其後穿木石,象形。中,米也。"譯:臼,舂具。古代人掘地爲臼,後來人們挖鑿木石爲臼。象形。臼中之物是米。

金文 臼 《易·系辭》:"斷木爲杵,掘地爲臼。"石臼是後起的。"臼"中的齒形,有人以爲是表示"臼"的裏面粗糙不平;有人以爲是米的形狀。均可。例字:

臽(xiàn) 甲骨文 㘝 从人在臼上,意爲人陷入坑中,是陷的初文。或以爲是古代活埋人(如殉葬)之形。
陷 金文 ▢ 从阜从臽，臽亦聲。从高處墜入阱坑。
舂 甲骨文 ▢ 一人雙手捧杵臨臼搗粟之形，本義是舂米。
舀 金文 ▢ 从爪、臼會意。將臼中物用盛器裝出來。

277. 爵 ▢

《說文》："禮器也。象爵之形，中有鬯酒，又持之也。所以飲。"譯：爵是行禮用的酒器。字形象鳥雀形，爵中有芳香的酒，"又"表示用手持握。爵是用來飲酒的器皿。

　　甲骨文 ▢ 畫出爵的形狀。本義古代的酒杯。借爲爵位之爵。

278. 壺(壺) ▢

《說文》："昆吾圓器也。象形。从大，象其蓋也。"譯：壺也叫昆吾，是一種圓球狀的盛器。字形象圓形盛器的樣子。字形用大作形旁，大象盛器的蓋子。

　　古者做匋(陶)壺者，昆吾(人名)始爲之。《儀禮‧聘禮》："壺，酒尊也。"《公羊》："壺，禮器。"

　　甲骨文 ▢ 象壺形。大腹小口，上面 ▢ 象蓋，古爲盛酒漿之器。

279. 琴 ▢

《說文》："禁也。神農所作。洞越。練朱五弦，

153

周加二弦。象形。"譯：琴，用來安頓心靈、禁止邪念的巧具。據傳是神農氏發明的樂器。琴底有通達的出音口。朱紅色的熟絹絲做成的五根弦，到了周代又增加了兩根弦。字形象樂器的形狀。

甲骨文 𠀾 古琴的象形。後加今表聲。

280. 床 𤕰

《說文》："安身之坐者。从木爿(pán)聲。"譯：安放身體的坐具。用木作形旁，用爿作聲旁。

甲骨文 𠕒 床的象形。金文 𤕰 加了形旁木，成了形聲字。作偏旁時寫作爿。例字：

牆(墙) 甲骨文 𤖃 从床从嗇。本義用木板筑牆屯糧。

將(将) 甲骨文 𤖕 从床从肉从手。本義手放在案上拿肉(將要吃肉)。引申爲將要。

281. 疒(nè) 𠂆

《說文》："倚也。人有疾病也。象倚着之形。"譯：倚靠。人有疾病，象靠着、挨着床的樣子。

金文 𠂆 人生病躺在床上之形。本義生病。凡與疾病有關的字，均以疒爲意符。例字：

疾 甲骨文 𥃲 人受箭傷之形，指被兵器所傷之疾。

病 甲骨文 𤶠 从疒丙聲。疾痛加重後形成的症狀。

疲 甲骨文 𤶇 从疒皮聲。本義身體勞頓。

疫 甲骨文 𤶸 从疒，役省聲。流行性傳染病。

痛 金文㽡 从疒甬聲。因病生疼。

瘟 金文㿗 从疒昷聲。急性傳染病。

痣 金文㾁 从疒志聲。皮膚上的有色斑點。

痹 金文㾈 从疒畀聲。一種肢體麻木的病。

282. 席 席

《説文》："籍也。《禮》：'天子、諸侯席，有黼繡純飾。'从巾，庶省。"譯：竹墊子。《周禮》上説："天子、諸侯的席子，有用黑白斧形圖案繡邊的裝飾物。"用巾作形旁，用省略四點底的庶作聲旁。

甲骨文 ⌥ 竹席的象形。本義竹席子。引申爲席位、職務。

283. 冊（册）㎜

《説文》："符命也。諸侯進受於王者也。象其札一長一短，中有二編之形。"譯：諸侯从王受賜的竹符。象竹片有長有短，中間有繩索串聯。

甲骨文 ㎜ 古人將若干竹簡用韋（熟皮）編在一起稱冊。例字：

典 甲骨文 ㎜ 手持冊置於几案上之形。《説文》以爲接受王的冊命封爵之意。因爲封爵有儀式，故又有典禮的意思。"典籍"則爲後起義。

删 金文 ㎜ 从冊从刀。从整捆簡牘中剪斷部分簽條。

284. 侖（仑）侖

《説文》："思也。从△从冊。"譯：循序推理。字形用△(jí)、冊會意。

甲骨文 🗎 从△从冊會意，把竹簡集合在一起而成爲一冊書。因簡冊的編集要按次序，有條理，本義次序、條理。

285. 網(网) 𠔿

《説文》："庖犧氏所結繩以田(田獵)以漁也。从冂，下象网交文。"譯：庖犧氏結繩編織的田獵捕魚的工具。字形以冂爲字根，冂下象网狀交織。

甲骨文 𠔿 网之象形。古人用网田獵、捕魚。作偏旁時有"罒、网、冈"幾種寫法。例字：

署 甲骨文 𦉷 从网者聲。本義安排、布置。

罕 甲骨文 𦉷 从网从干。本義捕鳥的羅网。借爲稀少。

羅 金文 𦉷 憂愁悲感如羅雀般纏住(籠罩)了心，所以本義是心憂。屈原《離騷》的"離"的本字。

罪 金文 𦉷 从网从非。本是捕魚的竹网。罪的本字是皋，秦始皇統一文字時認爲皋字形象皇。就用"罪"代替"皋"。

置 金文 𦉷 从网、直會意。本義赦免、釋放。引申爲放置。

羅(罗) 甲骨文 𦉷 田獵時以网捕鳥之形。上部是

"网"字,"糸"説明网是絲做的,"隹"是短尾鳥。三字會合在一起,表示小鳥被絲网罩住。

罷(罢) 金文 从网从能。羆(馬熊)的本字。借爲罷免。

286. 卓

《説文》:"高也。早匕爲卓,匕卩爲卬,皆同義。"譯:卓,高明。早、匕會義爲卓,匕、卩會義爲卬,構字原理相同。

甲骨文 象用一个有長柄的网捕鳥,是罩的本字。例字:

罩 金文 从网从卓。捕魚的竹籠。

287. 畢(毕)

《説文》:"田罔也。从華,象畢形。"譯:田獵用的羅网。字形用華作形旁,象畢鳥之形。

金文 本作華。華象捕鳥网。後加田,表示捕獵地點。本義田獵用的羅网。引申爲完成、結束。

288. 舟

《説文》:"船也。古者,共鼓、貨狄,刳木爲舟,剡木爲楫,以濟不通。象形。"譯:船隻。據傳古昔時代,共鼓、貨狄兩位智者,刳木爲舟,剡木爲楫,以渡洶湧不通的大河。字形象獨木船的形狀。

甲骨文 船的象形。古代"舟"是在渡口爲江河兩岸橫渡而用，即許慎説的"以濟不通"。如章應物的《滁州西澗》"春潮帶雨晚來急，野渡無人舟自横。"用的是舟的本義。"船"則是沿江河湖海航行的工具。舟和船後來才通用。例字：

舩 甲骨文 𦨶　从舟从㕣(yǎn)。本義大舟。

舶 甲骨文 𦩍　从舟白聲。本義大船。

般 甲骨文 𦨕　右手拿工具使船動起來，搬的本字。

航 金文 𦪇　从舟亢聲。駕舟渡水。

朕 金文 𦩻　左邊一個舟，右邊兩手持物。會意爲填塞舟縫。借爲第一人稱，如屈原《離騷》"朕皇考曰伯庸"。秦始皇開始成爲皇帝專用自稱。

289. 前 歬

《説文》："不行而進謂之歬(qián)。从止在舟上。"譯：前，不用走路卻能進，就叫前。字形用止、舟會意。

　　金文 歬　本作歬。舟上一隻腳，表示舟在前進。後來舟變成月，又加刀成前，本義剪刀。後來"前"又代替"歬"用作前進的"前"。再後來又加刀造形聲字"剪"。

290. 俞 俞

《説文》："空中木爲舟也。从亼从舟从巜。巜，水也。"譯：把圓木挖空做成的獨木舟。用亼、舟、巜會意。巜就是水。

金文㣝从舟从巛从㐅。會意爲舟在水中向前行。本義獨木舟。

291. 匚 (fāng) 匚

《說文》："受物之器。象形。讀若方。"譯：盛東西的器皿。象形字。

甲骨文 匚 象盛物的匣子。方形器皿。例字：

匿 金文匿 从匚从若(本義是女子梳洗之形)，梳洗於内室隱蔽之處，故本義隱匿。或說爲形聲字，从匚若聲。

匡 金文匡 从匚㞷(huáng)聲。本義送飯用的食盒，筐的本字。引申爲匡正。

匹 金文匹 字形象一匹布折疊數層之形。因古代送禮物常用馬、帛、奴隸。"馬"與"帛"常同時出現，故稱布帛的"匹"後來假借爲"馬匹"之"匹"。

医 甲骨文医 盛弓矢之器。如《國語》："兵不解医。"今天的簡化字"医院、医生"的"医"古作"醫(藥酒)"和"医"无关，但简化成了医。

匠 甲骨文匠 从匚从斤。本義木工。

匝 甲骨文匝 从匚从巾。日常用品放在儲物廂中之形。本義環繞一周。

匣 金文匣 从匚甲聲。本義匣子。

匪 金文匪 从匚非聲。一種筐類竹器。借爲土匪的匪。

匯(汇) 甲骨文 [圖] 从匚淮聲。本爲一種容器。引申爲聚合。

292. 曲 [圖]

《説文》："象器曲受物之形也。"譯：象器具凹曲以承載物品的形狀。

甲骨文 [圖] 彎曲的受物器之形，後來一切曲而不直的均稱曲。本義彎曲。樂曲的曲，有婉轉成章的意思。

293. 主 [圖]

《説文》："燈中火主也。从丨(kǎn)下土，象形。从丶，丶亦聲。"譯：主，象燈中的火炷。字形用 [圖] 作基本造型，象燈盞、燈架的形狀。同時用"丶"表義，"丶"也作聲旁。

甲骨文 [圖] 燈的象形。上面一點是火頭之形。因爲火頭是燈中最主要的部分，故稱"主"。後來又借爲"賓主"之"主"，也有説"賓主"之"主"是引申義。

294. 斗(dǒu) [圖]

《説文》："十升也。象形，有柄。"譯：十升爲一斗。象有柄的量斗形。

甲骨文 [圖] 象形。許慎解説正確，升、斗都是容器、量器。十合爲升。十升爲斗。十斗爲斛。搏鬥的"鬥"與"斗"無關，但簡化作斗。例字：

科 金文𥝤 从禾从斗。本義計量禾穀。引申爲類別。
料 金文𣂚 从斗，米在其中。本義稱量穀物。
斜 金文𣂁 从斗余聲。本義舀出。引申爲傾斜。
斟 甲骨文𣂁 从斗甚聲。本義用勺子舀取。

295. 升 𣁎

《說文》："十合也。从斗，象形。"譯：十合爲一升。从斗會意，又象斗之形。

甲骨文𣂁 象斗之形，在斗的勺裏加了一個或幾個短橫代表糧食。意爲帶把的量器。

296. 勺 𠃎

《說文》："枓(斗)也。所以挹取也。象形。中有實，與包同意。"譯：勺和斗相似，是取食的餐具。字形象匙中盛物之形，構字方法與"包"字在"勹"中加"子"相似。

金文𠃎 柄在上，與匕(祭祀用的匙)同形。所以我們俗稱的小勺又叫湯匙。

297. 几 𠘧

《說文》："踞(居)几也。象形。"譯：蹲踞在地的几，象几之形。

金文𠘧 古代一種矮小的桌子。古人坐而憑几。几有炕几、琴几等。漢字簡化時把幾(微小)並入。

例字：

凭 金文𠘧 从几从任(承受)會意。表示桌几承受身體所靠。本義倚、靠。

298. 入 ∧

《說文》:"内也。象从上俱下也。"譯:入,進到内部。字形象什麽東西一齊从上面落下的樣子。

甲骨文 ∧ 尖頭形,進入的意思。頭尖則鋒利易進(如楔子),故畫一尖頭之形。古"入""内"同字。尖頭在 ∩ 成"内"。例字:

内 甲骨文 囚 从冂入。从外面進到裏面。本義裏面。

299. 曾 曾

《說文》:"詞之舒也。从八从曰,囦聲。"譯:曾,表示舒緩語气的助詞。字形用八、曰作形旁,用囦作聲旁。

甲骨文 㠯 古代一種蒸食物的炊具,甑的本字。後來借爲表示舒緩語气的助詞,才又造形聲字甑。

300. 鬲(lì) 鬲

《說文》:"鼎屬。實五觳。"譯:鼎一類的炊具,一次可以做五觳(hú)飯。

甲骨文 鬲 古代一種三足中空的炊具,中間可以燒柴。例字:

融 甲骨文 䖝 从鬲虫聲。做飯時上升的熱气。借指消融、融化。

鬻(yù) 金文 鬻 从鬲从粥。本義是粥,假借爲賣。

如賣官鬻爵。

徹(彻) 甲骨文𩰬 从鬲从手會意。本義盛饭，借爲去除。小篆𢾧開始加形旁彳，鬲也訛變爲育。

301. 小 ⺌

《說文》："物之微也。从八，丨見而八分之。"

甲骨文ııı 以小點表示小的意思。至西周晚期已變爲小。卜辭中小、少無分別。小、少二字的分化是春秋以後的事。例字：

少 甲骨文⺌ 沙粒之形。與小本爲一字。

尕 金文尕 从小从乃，口語小。後世人造的會意字，《説文解字》中没有收録。

尖 金文尖 从小从大，上小下大爲尖。後世人造的會意字，《説文解字》中没有收録。

302. 商 𠼪

《説文》："从外知内也。从冏(nè)，章省聲。"譯：商，从外部推知内部情况。字形用冏作形旁，用省略了早的章作聲旁。

甲骨文𠼪 象酒壇放在几上，表示用來賞賜的東西，是賞的本字。引申爲經商。

303. 厄(è) 㔾

《説文》："科厄，木節也。从㔾厂聲。"譯：厄，科厄，樹木的節。字形用㔾作形旁，厂作聲旁。

甲骨文 𠂤　軛的象形。厄是軛的本字，是套在牛馬脖子上拉車的工具。

304. 李(niè)、幸 𠦒

《說文》:"所以驚人也。从大从羊(rěn)。"譯：用來警醒世人的枷鎖。用大、羊會意。

甲骨文 𠦒　桎梏之形。隸定之後寫作幸，與"幸福"的"幸"同字不同源。例字：

圄(yǔ) 甲骨文 𠀠　从幸从口會意。囹圄、牢獄。

報(报) 甲骨文 𢆉　一隻手按住一个戴枷之人。本義判罪、服罪。

執(执) 甲骨文 𢆉　一个人雙手被枷鎖鎖住的樣子，本義逮捕罪人也。

305. 業(业) 業

《說文》:"大版也。所以飾縣鐘鼓。捷業如鋸齒，以白畫之。象其鉏鋙相承也。从丵从巾。巾象版。《詩》曰：'巨業維樅。'"譯：樂器架子上方橫木上的大板。用來裝飾支架、懸掛鐘鼓。大板形狀參差不齊象鋸齒，並用白色顏料涂畫。大板和所懸鐘鼓之間，參差錯落又相互承接。用丵(zhuó)、巾會意。"巾"象大板的形狀。《詩經》有詩句唱道："大板繫在柏木上。"

金文 業　古代樂器架子上的橫板，呈鋸齒狀，用以懸掛鐘鼓等。象形。後來也指筑牆板和書冊夾板。引申爲學業、業務等義。

十二、財寶類漢字

306. 金 金

《說文》："五色金也。黃爲之長。久薀(埋)不生衣，百鍊不輕。从革不韋。西方之行。生於土。从土，左右注象金在土中形，今聲。"譯：金，五色(赤、青、黑、白、黃)金屬的總稱。黃金爲五金之首。久埋地下也不會產生銹斑蝕痕，千錘百煉也不會損耗變輕，能順從變形而不背本性。在五行之中，金代表西方的屬性。金生於土，字形用土作形旁；土的左右兩點，象金沙隱藏在土層中的樣子，用今作聲旁。

金文 金 上亼(jí)下土，即土中埋藏之意，加"•"表示金屬的顆粒。後來亼訛變成今，才成爲以今爲聲的形聲字。例字：鐵鍬

錢(钱) 金文 錢 从金戔聲。古代種田的農具——鍬。後被借爲貨幣的稱呼，專指貨幣。又造形聲字"鍬"。

錯(错) 金文 錯 从金，措省聲。本義鑲嵌。借爲錯誤。

銳(锐) 金文 銳 从金兌聲。本義鋒利。

針(针) 甲骨文 針 从金咸聲。本義縫紉用的針。

鎭(镇) 甲骨文 鎭 从金真聲。本義鎮壓。

鈔(钞) 甲骨文 鈔 从金少聲。本義掠奪。借指鈔

票。

釗(钊) 金文🖉 从金从刀，表示用刀削金屬。本義磨損。

鈞(钧) 甲骨文 本作勻，是古代金屬重量單位，被均勻、均分借走，後人又加形旁"金"造出"鈞"字，小篆鈞从金从勻，勻亦聲。古代十六兩爲一斤，三十斤爲一鈞。

鑽(钻) 金文 从金贊聲。用來戳洞穿孔的金屬工具。

鐵(铁) 金文 从金𢧢聲。一種黑色金屬。

鉛(铅) 金文 从金㕣(yǎn)聲。一種青色金屬。

銅(铜) 金文 从金同聲。一種紅色金屬。

銀(银) 金文 从金艮聲。一種白色金屬。

銘(铭) 金文 从金名聲。在金屬上刻記。

鍋(锅) 金文 从金咼聲。做飯的炊具。

鋒(锋) 金文 从金逢聲。兵器的尖端。

鑒(鉴) 甲骨文 从金从監。監的本義是古人當鏡子照的一盆水。後來出現銅鏡，加金爲鑑，簡化爲鉴。本義銅鏡。

錐(锥) 金文 从金隹(zhuī)聲。本義錐子。

鏡(镜) 金文 从金竟聲。本義觀照身影的精制銅器。

燈(灯) 金文 从金登聲。照明器具。

銜(衔) 金文 𘛖 从金从行。本義放在馬嘴中控制馬行進的馬嚼子。

307. 貝(贝) 貝

《説文》:"海介蟲也。象形。古者貨貝而寶龜,周而有泉,至秦廢貝行錢。"譯:貝,海洋中帶介殼的軟體小動物。字形象貝殼的形狀。古時人們以貝殼爲通貨手段,而將龜殼當作珍寶,到了周代才有作爲通貨手段的泉幣,到了秦代則廢止了貝殼的通貨功能,而流行以錢幣通貨。

甲骨文 𘛗 貝殼的形狀。中原地區貝殼較稀少,被當作寶貝。因其輕便、易保存又被當作通貨手段。

例字:

財(财) 金文 𘛘 从貝才聲。人們當作寶貝珍藏的東西。

賬(账) 甲骨文 𘛙 从貝長聲。本義賬目,沿用至今。

貨(货) 甲骨文 𘛚 从貝化聲。本義財物。

貿(贸) 金文 𘛛 从貝卯聲。本義交換財物。

負(负) 甲骨文 𘛜 上人下貝。象人持守錢貝、有所依仗的樣子。本義自恃。

責(责) 甲骨文 𘛝 从貝朿聲。債的初文。

債(债) 甲骨文 𘛞 本作責。後人加人旁另造債,專表欠別人的錢。

買(买) 甲骨文 ☒ 从网貝。以网网貝之形，即去貨買物品時以网盛貝，本義是以錢貝换貨。

賣(卖) 甲骨文 ☒ 从出从買。本義用貨換錢。

貴(贵) 金文 ☒ 从貝叟聲。本義物不賤也。

貪(贪) 金文 ☒ 从貝今聲。本義貪財、貪求。

員(员) 甲骨文 ☒ 从口从鼎。古鼎、貝通用，後定形爲員。本義物數，引伸爲人數。

質(质) 甲骨文 ☒ 从貝从斦。用物品抵押。

貧(贫) 甲骨文 ☒ 从分貝。本義財物被分走。

費(费) 甲骨文 ☒ 从貝弗聲。本義耗散錢財。

賀(贺) 甲骨文 ☒ 从貝加聲。以禮物捧場慶祝。

賈(贾) 甲骨文 ☒ 从貝襾(yà)聲。本義做買賣。

賤(贱) 甲骨文 ☒ 从貝戔聲。本義价格低。

賦(赋) 甲骨文 ☒ 从貝武聲。本義征收錢財。

贏(赢) 甲骨文 ☒ 从貝羸聲。本義扣去買賣成本的獲利。

賴(赖) 甲骨文 ☒ 从貝剌聲。本義贏利。引申爲依靠。

賄(贿) 甲骨文 ☒ 从貝从有會意。本義贈送財物，引申爲用財物收買。

貶(贬) 金文 ☒ 从貝从乏(少)會意。本義价值減少。

貽（贻）甲骨文𤔔　从貝台聲。本義餽贈。

賞（赏）甲骨文𧶠　从貝尚聲。上級將財物、官爵獎勵有功的下級。

贊（赞）金文𧶙　从貝从兟（shēn 進）。本義奉禮進見。

朋　甲骨文𦕅　象兩串貝，五貝爲一串，兩串爲一朋。引申爲互相勾結。

308. 毌 (guàn) 毌

《說文》:"穿物持之也。从一橫貫，象寶貨之形。"譯：穿起東西，便於手抓。象一根繩子穿起錢幣的樣子。

甲骨文 中　毌是貫的初文，本爲一串錢。卜辭中寫成"申"，以後字形橫轉成"毌"，後加貝。"十五貫"的"貫"用的是本義。例字：

貫（贯）甲骨文𧵣　从毌、貝。作爲貨幣的錢或貝串成的一串貨幣。

實（实）甲骨文𡪢　从宀从貫。家中多錢，本義富裕。

309. 鼎 鼎

《說文》:"三足兩耳和五味之寶器也。"譯：三根立腿，兩隻提耳，是用來調和各種味料的寶器。

甲骨文 𣇄　鼎的象形。古代烹煮用的器物。古代"貝、鼎"通用。例字：

則（则）金文𠛛　从鼎从刀。鑄刻在鼎（刑鼎）上的法則,本義是法則、規則。最初字形是"鼎"加"刂",因古"貝、鼎"通用。後來才寫作"則"。

勛(勳) 金文 ![字形] 从鼎从耒(力)。古人以耕、戰有功而受賞曰"勛"。

敗(敗) 甲骨文 ![字形] 从鼎从攴會意。手拿棍子擊打寶鼎。本義毀壞。

310. 玉 王

《説文》:"石之美。有五德:潤澤以溫,仁之方也。鰓理自外,可以知中,義之方也。其聲舒揚,專以遠聞,智之方也。不撓而折,勇之方也。鋭廉而不忮(不妀),絜之方也。象三玉之連,丨,其貫也。"譯:玉,最美的石頭。玉有五品:潤澤而溫和,象仁人;从外部觀察紋理,可知内部真性,象義士;玉聲舒展飛揚,傳播而遠聞,象智士;寧折不撓,象勇士;鋭廉而不奇巧,象廉潔之士。字形象三塊玉片的串連。"丨"象串玉的貫繩。

甲骨文 ![字形] 象一條繩子連着三塊(表示多數)玉之形。後來爲了與"王"區别而加一點成"玉"。作偏旁時寫作王,稱"斜玉旁"。例字:

全 甲骨文 ![字形] 从入从玉。本義純玉。引申爲完全。

璧 金文 ![字形] 玉佩名,从玉从辟,辟亦聲。辟,法也,故知佩璧者爲有權力的立法者。如"和氏璧",秦始皇定爲傳國玉璽,鐫刻由李斯手書的"受命於天,既壽永昌"八个字。秦以後則代代相傳，直至後唐廢帝李从珂時於戰亂中失落。

玩 金文 𤣩 从玉元聲。本義玩賞玉石。

弄 金文 𨝱 从珏(雙玉)从廾。象雙手持玉把玩之形。賞玩玉石之意，引爲"玩弄"之"玩"。

珍 金文 𤪺 从玉参(zhěn)聲。本義寶石。

理 金文 理 从玉里聲。本義加工玉石。

瑞 甲骨文 𤪻 从玉耑(duān)。本義玉制的符信，用作凭證。引申爲祥瑞。

球 甲骨文 𤫊 从求从玉。本義人人想得到的美玉，引申爲圓形的東西。

玷 金文 玷 从玉占聲。本義白玉上的斑點，引申爲過失、污點。

玲 甲骨文 𤣩 从玉令聲。玉碰擊發出悦耳的聲音。

琪 金文 琪 从玉其聲。本義美玉。

琦 金文 琦 从玉从奇會意。本義罕見、少有的美玉。

琢 金文 琢 从玉豖聲。本義加工玉石。

琛 金文 琛 从玉，深省聲。本義寶貝。

現(现) 甲骨文 現 从玉从見。本義玉的光澤奪目。引申爲顯露。

環(环) 甲骨文 環 从玉睘聲。圜形的璧玉。

311. 寶(宝) 寶

《説文》:"珍也。从宀从王从貝,缶聲。"譯:寶,家藏的珍品。字形用"宀、王、貝"作形旁,"缶"作聲旁。

金文 🈳 家裏有玉(珍寶),有貝(錢財),有缶(瓦器),這些都是寶貴的東西。

312. 圭 圭

《説文》:"瑞玉也。上圓下方。公執桓圭,九寸;侯執信圭,伯執躬圭,皆七寸;子執穀璧,男執蒲璧,皆五寸。以封諸侯。从重土。"譯:圭,象徵祥瑞的玉牌。上圓下方。公持有雕有華柱的圭,長九寸;侯持有雕有契符的圭,伯持有雕有躬身圖形的圭,長七寸;子持有穀形浮雕的璧,男爵持有蒲形浮雕的璧,長五寸。天子把這些瑞玉賜封給諸侯。字形用兩个土會意。

甲骨文 圭 从重土,表示諸侯各守所封之土。本爲古代天子封賜諸侯的瑞玉。

313. 珏(jué) 玨

《説文》:"二玉相合爲一珏。"譯:合在一起的兩塊玉爲珏。

甲骨文 玨 甲骨文本不拘形體的多寡,所以"玉"和"珏"在甲骨文中没有區別。例字:
班 金文 班 从珏从刀。以刀分瑞玉於諸侯(冊封),同頒。本義分玉。引申爲分開、頒布。

173

十三、動物類漢字

314. 鳥(鸟)

《說文》："長尾禽總名也。象形。"譯：長尾鳥的總稱。象形字。

甲骨文 象鳥形。例字：

鳩(鸠) 金文 从鳥九聲。本義斑鳩。

鴿(鸽) 甲骨文 从鳥合聲。本義鴿子。

鶴(鹤) 甲骨文 从鳥雀聲。本義仙鶴。

鴇(鸨) 金文 从鳥丂聲。本義指一種象雁的鳥，後稱開妓院的女人。

鳴(鸣) 甲骨文 从鳥从口。鳥的叫聲。

鴻(鸿) 甲骨文 从鳥江聲。本義指天鵝。

鳧(凫) 金文 野鴨子之形，突出其劃水的鴨蹼。引申爲鳧水。

鷔(鹜) 金文 从鳥孜聲。遲緩的水鴨。

梟(枭) 金文 鳥在木上。也做鴞，俗稱貓頭鷹。這種鳥通常被認爲是惡鳥、不孝鳥，所以梟雄指強橫而有野心的人。

315. 鳳(凤)

《說文》:"神鳥也。天老曰:'鳳之象也,鴻前麕後,蛇頸魚尾,鸛顙鴛思,龍文虎背,燕頷雞喙,五色備舉。出於東方君子之國,翱翔四海之外,過崑崙,飲砥柱,濯羽弱水,莫宿風穴。見則天下大安寧。'从鳥凡聲。"譯:鳳,神鳥。天老說:"鳳的形象,象鴻前麕後,蛇頸魚尾,鸛顙鴛腮,龍文虎背,燕頷雞喙,五色備舉。鳳出於東方君子之國,翱翔於四海之外,過崑崙,飲水於砥柱,濯羽於弱水河,暮宿風穴。鳳鳥現則天下太平。"字形用鳥作形旁,凡作聲旁。

甲骨文 神鳥鳳凰的象形,突出尾毛。

316. 烏(乌)

《說文》:"孝鳥也。象形。孔子曰:'烏,盱呼也。'取其助气,故以爲烏呼。"譯:烏,孝鳥。象形。孔子說:"烏,閉目哀叫。"因烏這種孝鳥常在病患彌留之際哀叫助气,所以人們稱喪命爲"烏呼"。

金文 烏鴉之形。烏與鳥區別在於有無眼睛烏鴉一身黑,似乎看不到眼。

317. 隹(zhuī)

《說文》:"鳥之短尾總名也。象形。"譯:短尾鳥的總稱。象形字。

甲骨文 🐦 短尾鳥之形。例字：

雀 甲骨文 🐦 从小隹會意。依人小鳥。

隼 金文 🐦 从隹从一，指事字。突出隼的利爪。一種猛禽。

雋 金文 🐦 从隹从弓會意。本義肥美的鳥肉。

雉 甲骨文 🐦 箭射鳥之形。所以有殺、傷之意。又成爲用箭射才可以得到的野鳥名，俗稱野雞。

雇 甲骨文 🐦 从户从隹，住在屋檐下的一種鳥名。《説文》："雇，農桑候鳥，扈民不婬者也。"雇是促民農桑的候鳥。後來借爲雇傭的雇。

集 甲骨文 🐦 群鳥落在樹上之形，本義是群鳥栖息在樹上。聚集的集是引申義。

雄 甲骨文 🐦 从隹厷聲。本義雄鳥，引申爲雄性。

截 甲骨文 🐦 从戈从小隹會意。本義切斷。

雁 甲骨文 🐦 从隹厂聲。 𠂆 原爲衍文"丨"，後訛變爲人，無意義。候鳥大雁。

隻(只) 甲骨文 🐦 手捉一隻鳥之形。做量詞，簡化爲只。

雙(双) 甲骨文 🐦 从雔，又(手)持之。一手抓兩隻隹，本義兩隻。

難(难) 甲骨文 🐦 从隹堇(hàn)聲。一種鳥名。借爲困難、艱難。

雛(雏) 甲骨文𩾃 从隹芻聲。本義小雞。

鷹(鹰) 金文𩿨 从广从隹。在岩崖筑巢的猛禽。後又加鳥。

應(应) 金文𩿨 古人以鷹作應當的應，後加心成應。

318. 焉 𩾂

《說文》："焉鳥，黃色，出於江淮。象形。"譯：焉是一種黃色的鳥。多出現在江淮一帶。象形字。

甲骨文𩾂 象一隻長尾鳥。本義一種黃鳥叫焉。借焉虛詞。

319. 禽 𥠢

《說文》："走獸總名。从厹(róu)，象形，今聲。"譯：獸的總稱。字形用厹作字根，象捕鳥之形，"今"是聲旁。許慎解釋厹：獸足蹂地也，象形。指禽獸的足印。

甲骨文𥠢 象捕鳥的長柄网。本義是捕鳥獸，擒的本字，動詞。同時也是擒拿的對象，鳥獸的總名，名詞。專指飛禽是後起義。

320. 奮(奋) 奮

《說文》："翬也。从奞(suí)在田上。"譯：鳥振翅高飛。字形用"奞、田"會意，象大鳥從田間起飛。翬(huī)，大飛也。奞，鳥張毛羽自奮也，从大从隹。

金文奮 鳥在田獵時奮力振翅飛走。本義奮飛。

177

321. 舊(旧) 舊

《説文》:"舊雷也。"譯:保留、舊的。

甲骨文 ⚘ 本爲被射落臼中的鳥。被借爲新舊的舊。

322. 風(风) 鳳

《説文》:"八風也。東方曰明庶風,東南曰清明風,南方曰景風,西南曰涼風,西方曰閶闔風,西北曰不周風,北方曰廣莫風,東北曰融風。从虫凡聲。風動虫生,故虫八日而匕(化)。"譯:風,八方的風。東方來的叫明庶風,東南來的叫清明風,南方來的叫景風,西南來的叫涼風,西方來的叫閶闔風,西北來的叫不周風,北方來的叫广莫風,東北來的叫融風。風吹動虫產生,虫八日而變化成形。从虫凡聲。

甲骨文 ⚘ 直接畫一隻鳳鳥。卜辭中風通作鳳。古人認爲鳳鳥就是風神,遂以"鳳"代表"風"。後來因爲古人以爲虫爲風化而生,故又造一从凡从虫的新字"風"。例字:

飘(飘) 金文 ⚘ 从風票聲。盤旋而起之風。

颯(飒) 金文 ⚘ 从風立聲。迴旋的風。

323. 非 非

《説文》:"違也。从飛下翄,取其相背。"譯:非,違背。字形用飛字下部表示"翅膀"的部分構成,用左右兩翼相背的含義造字。

甲骨文 兆 象鳥展雙翅之形。飛的本字。被借去表示否定。例字：

靠 金文 冀 从非告聲。本義相背、違背。

324. 飛(飞) 飛

《說文》："鳥翥也。象形。"譯：飛就是鳥振翅而翔。象形。

金文 飛 鳥振翅上飛之狀。

325. 卂(xùn) 卂

《說文》："疾飛也。从飛而羽不見。"譯：快速飛。象飛得快，只看到影子，看不到羽毛。

卂是鳥疾飛時看不清羽毛、雙翼的樣子。本義快。後來字形加辵(chuò)爲"迅速"的"迅"。

例字：

迅 金文 迅 从卂(xùn)从辵會意。本義疾速。

326. 毛 毛

《說文》："眉髮之屬及獸毛也。象形。"譯：象眉髮之類及獸毛。象形字。

甲骨文 毛 毛的象形，中間有一莖，否則毛將焉附。例字：

毫 金文 毫 从毛，高省聲。本義細長的毛。

毯 甲骨文 毯 从毛从炎。本義毛毯。

氈(毡) 甲骨文 氈 从毛亶(dǎn)聲。本義氈子。

179

327. 尾 ᄐ

《説文》:"微也。从倒毛在尸後,古人或飾繫尾,西南夷皆然。"譯:細微的尾巴。字形用尸和倒垂的毛會意,表示毛在尸後。古人有的在身後裝飾着尾巴,今天的西南少數民族也這樣。現多指禽獸的尾巴。

金文 ᄐ 同許説。例字:

屈 金文 从尾从出。本義彎曲。

屬(属) 金文 从尾蜀聲。本義連續、連接。

328. 羽

《説文》:"鳥長毛也。象形。"譯:鳥的長毛。象形字。

甲骨文 鳥毛的象形。例字:

翔 金文 从羽羊聲。本義盤旋飛行。

翁 甲骨文 从羽公聲。鳥的頸毛。借指男性老人。

翟 金文 从羽从隹。雉俗稱野雞。羽毛很漂亮。

翰 甲骨文 从羽倝聲。本義鳥身上長而硬的羽毛。引申爲毛筆、文字等。

翅 甲骨文 从羽支聲。本義翅膀。

翻 甲骨文 从羽番聲。本義鳥飛。

翼 甲骨文 从羽異聲。本義鳥翅。

翠 甲骨文 从羽卒聲。青羽鳥雀。

翚 金文𦐇 从羽开(jiān 平)會意。箭尾沾有羽毛的箭。

翹(翘) 甲骨文𦐇 从羽堯聲。鳥尾的長毛。

329. 習(习) 習

《說文》："數飛也。从羽从白(自)。"譯：一次次起飛。字形用"羽、白"會意。

甲骨文 習 从甲骨文來看應該是从羽从日，即日出之時鳥撲翅振羽欲離巢飛去。因爲是屢次鼓翅，故有重复之意。如《論語》中"學而時習之"的"習"，即重复的意思。後由此引申爲"學習"。字形至小篆訛變爲从"白"得聲。

330. 西 卣

《說文》："鳥在巢上也。象形。日在西方而鳥西(栖)，故因以爲東西之西。"譯：鳥在巢上。象形字。日落西山時鳥歸林栖巢，所以用作"東西南北"的"西"。

甲骨文 卣 鳥窩之形。栖的本字。因爲日落西方鳥才歸巢而栖，故借爲方位詞西方。於是又造了形聲字"栖"。

331. 巢 巢

《說文》："鳥在木上曰巢，在穴曰窠。从木，象形。"譯：鳥在樹上叫巢，鳥在洞穴叫窠。字形用木作邊旁，象形。

甲骨文 巢　西(鳥窩之形)加木加巛(三隻鳥之形)成巢，樹上有鳥巢之形。

332. 牛 牛

《説文》："大牲也。牛，件也；件，事理也。象角頭三、封尾之形。"譯：牛，大型牲口。牛，也有"件"的意思；件，表示事理分析。象角頭三、封尾的形狀。

　　甲骨文 牛　抓住牛的特徵。例字：

牟　金文 牟　从牛，象其聲气从口出。本義牛叫聲。

牢　甲骨文 牢　關養牛、馬、羊的牲畜圈。字形可从牛、羊、馬。卜辭中用作祭祀的用牲如"太牢(大牢)"用牛，"少牢(小牢)"用羊是很嚴格的。字形最後固定爲从牛。監牢的牢是引申義。

牝　甲骨文 牝　字形从匕(雌性)从牛(馬、虎、豕、羊均可)。爲一切雌性動物之稱。最後固定从牛成牝。

牡　甲骨文 牡　字形从土(陽具。見土字説解)，从牛、豕、鹿、羊均可。爲一切雄性動物之稱。字形最後才固定从牛成牡。

牧　金文 牧　右手持棍趕牛之形。牧牛是其本義，後來才擴大爲放牧一切家畜。

牲　甲骨文 牲　牡的變體。本義是雄性動物，後來引申爲一切牲畜之稱。

物　甲骨文 物　字形象屠牛時刀上有血滴之形，本義爲屠殺，卜辭中就有此意。作爲"萬物"的"物"是引申義。

特 金文 ✡ 从牛寺聲。本義公牛，引申爲突出、特別。

牽(牽) 甲骨文 ✡ 从玄(繩子)从冂(牛欄)从牛。會意爲把牛牽出欄。

件 甲骨文 ✡ 从人从牛。人分解牛，本義分解。借爲量詞。

犄 金文 ✡ 从牛奇聲。本義被閹割的公牛，現在專指犄角。

犢(犊) 金文 ✡ 从牛，瀆省聲。初生小牛。

333. 羊 羊

《說文》："祥也。从丫(guǎi)，象頭角足尾之形。孔子曰：'牛羊之字以形舉也。'"譯：吉祥。字形用"丫"作形旁，象羊的頭、角、足、尾的形狀。孔子說："牛、羊等字根據動物外形概括。"丫，羊角，象形。

　　甲骨文 ✡ 以羊頭、角之形代表整個羊。例字：

乖 甲骨文 ✡ 會意字。羊群跟着頭羊走，本義順從。

羌 甲骨文 ✡ 牧羊的民族，故字形从羊从人。

美 甲骨文 ✡ 比羊的甲文多了代表身體的筆畫，意爲肥羊，肥羊味美，故有美好的意思。

羔 甲骨文 ✡ 从羊从火，以火燒羊之形。因爲小羊肉嫩味美，故又爲小羊之稱。

群 甲骨文 ⿱ 从羊君聲。本義羊群。

羞 甲骨文 ⿱ 字形是以手拿羊頭(羊肉)。饈的本字。本義美味。

善 金文 ⿱ 从羊从二言。二人互説吉祥話。本義好、善良。

義(义) 甲骨文 ⿱ 上羊下我。遠古人類喜欢用獸角或鳥羽裝飾自己的頭，以增加自己的威儀。儀的本字。

334. 角

《説文》："獸角也。象形。角與刀、魚相似。"譯：獸角。象形，角與刀、魚相似。

甲骨文 ⿱ 字形爲獸角（牛角等）之象形。牛角曾爲古人最早的飲酒器，故酒器多从角。例字：

解 甲骨文 ⿱ 从牛从角从二手。本義分開牛角。

衡 甲骨文 ⿱ 从角从大行聲。本義綁在牛角上以防觸人的橫木。引申爲衡器、稱。

觸(触) 甲骨文 ⿱ 从角蜀聲。用角撞。

335. 豕(shǐ)

《説文》："彘也。竭其尾，故謂之豕。象毛足而後有尾。"譯：豕，小豬。尾巴極短，所以稱它爲"豕"。字形象毛足、後部的尾。"

甲骨文 𢑚 豬的象形。今稱豕爲豬。例字：

豖(chù) 小篆 从豕繫二足。被絆住腳的豬。

豢(huàn) 金文 雙手抓豬，準備圈養。本義圈養豬。

豬(猪) 金文 从豕者聲。體毛稀疏、群居的豬。

豩 甲骨文 豕身着矢。豩殆野豕，非射不可得。所以豩是野豬的名稱。象形。

豚 甲骨文 从肉从豕，是專供祭祀用的肉豬(即肥豬)。後來也指一般食用的肥豬。

豪 甲骨文 从高从豕。本義長毛的豪豬。引爲豪傑。

336. 馬(马)

《說文》："怒也。武也。象馬頭髦尾四足之形。"一種會昂首怒吼的動物。馬勇武無比。字形象馬頭、馬鬃、馬尾、四足的造型。

甲骨文 馬的象形。例字：

駒(驹) 金文 从馬句聲。兩歲小馬叫駒。

騾(骡) 金文 从馬累聲。驢馬交配所生家畜。

駁(驳) 金文 从馬爻聲。本義馬色不純。

馭(驭) 甲骨文 右手持鞭趕馬之形。本義駕馭。

駕(驾) 甲骨文 从馬从力(鞭、棍之形)从口(吆喝)。或說从馬加聲，亦可。總之是"駕馬"之意，字形比馭出現得晚。

騎(骑) 金文🐴 从馬奇聲。本義跨馬而行。

馳(驰) 甲骨文🐴 从馬也聲。本義馬疾奔。

驟(骤) 甲骨文🐴 从馬聚聲。本義馬奔馳。引申爲疾速。

騁(骋) 金文🐴 从馬甹聲。馬徑直奔馳。

驕(骄) 甲骨文🐴 从馬喬聲。本義六尺高的駿馬。引申爲高大健壯。再引申爲自大。

驚(惊) 甲骨文🐴 从馬敬聲。本義馬受驚。泛指受驚。

驢(驴) 甲骨文🐴 从馬盧聲。驢子。

馮(冯) 甲骨文🐴 从馬仌(bīng)聲。本義馬快速行進。今只做姓。

篤(笃) 金文🐴 从馬竹聲。本義馬走得遲緩。引申爲沉穩、堅定。

騙(骗) 金文🐴 从馬扁聲。本義跨上馬背，借爲欺騙。

騷(骚) 金文🐴 从馬蚤聲。本義每天給馬刷毛。引申爲騷擾、打擾。

驗(验) 甲骨文🐴 从馬僉(qiān)聲。一種馬的名字借爲察看檢查。

337. 犬

《說文》："狗之有縣蹏(蹄)者也。象形。孔子曰：'視犬之字如畫狗也。'"譯：犬是懸蹄的狗。象形。

孔子說：“看'犬'這個字，字形就象是在畫狗。”

甲骨文 ᛋ 狗尾上翹，象形。作偏旁寫作犭或犬。例字：

狗 甲骨文 ⿰ 从犬句聲。犬因叩吠（有人叩門即吠叫）而得名狗。

吠 甲骨文 ⿰ 从犬口。犬叫。

猝 金文 ⿰ 从犬卒聲。犬從草叢中竄出來追人。引申爲突然。

倏(shū) 金文 ⿰ 从犬攸聲。狗逃跑的樣子。

伏 甲骨文 ⿰ 从人从犬。狗在人後伺機偷咬人。本義埋伏。

犯 甲骨文 ⿰ 从犬㔾聲。本義狗侵襲人。

猥 金文 ⿰ 从犬畏聲。犬吠叫的聲音。

狂 甲骨文 ⿰ 从犬㞷聲。卜辭中用做往來的"往"。瘋狂的"狂"是假借義。

猛 甲骨文 ⿰ 从犬孟聲。健壯的狗。

戾(lì) 金文 ⿰ 犬从門户進入人的屋子，很不正常。本義乖張。

狄 金文 ⿰ 从犬从火。北方少數民族。

猶(犹) 甲骨文 ⿰ 从犬酉聲，本爲獸名，後借爲如、同等義。

獨(独) 甲骨文 ⿰ 从犬从蜀，蜀亦聲。犬喜獨食，蜀也是獨處虫，會意爲單个。

獄(狱)　甲骨文 🐕 从二犬从言。狗咬狗比喻爭訟。本義訟案。引申爲監獄。

類(类)　甲骨文 🐕 从犬从頪(相似)，頪亦聲。種類相似以犬爲甚。本義種類。

獎(奖)　金文 🐕 从犬將聲。本義唆使狗咬人，引申爲夸獎。犬後來訛變成大。

狀(状)　金文 🐕 从犬爿聲。本義狗的形狀，泛指形狀。

獵(猎)　金文 🐕 从犬巤聲。本義打獵，引申爲追求、奪取。

338. 苟 🐕

《說文》："艸也。从艸句聲。"譯：一種草。字形用艸作形旁，句是聲旁。

甲骨文 🐕 豎起耳朵的狗的象形，本義警惕，警的本字。小篆開始訛變爲从艸句聲。

339. 象 🐘

《說文》："南越大獸。長鼻牙。三年一乳。象耳牙四足尾之形。"譯：南越大獸，長鼻長牙，三年一胎，字形象大象的耳、牙、四足之形。

甲骨文 🐘 突出象的長鼻子。形象的"象"是假借義。

340. 爲(为) 🐘

《說文》："母猴也。其爲禽好爪。爪，母猴象也。

下腹爲母猴形。"許慎認爲"爲"是母猴象形，突出猴子好抓的特徵。

甲骨文 可以看出一隻手牽着大象，讓象爲人干活。本義做、干活。

341. 虍(hū)

《説文》："虎文也。象形。"譯：虎的初文。象形字。

甲骨文　虎頭之形。虎的本字。例字：

虎　甲骨文　完整的虎形。

彪　甲骨文　从虎，彡象其文。本義虎身上的斑紋。

虐　甲骨文　虎爪下抓一人之形。本義殘害。

虔　金文　从虍从文。指虎身上的斑紋。本義畏懼。現本義已消失，引申爲誠心、虔敬。

虞　金文　从虍从人从口。指古人在舉行祭祀儀式時，頭戴虎頭面具跳舞。引申爲欺詐。

342. 鹿

《説文》："鹿獸也。象頭角四足之形。"譯：一種野獸。字形象鹿的頭、角、四足形狀。

甲骨文　突出鹿角的鹿形。例字：

麗(丽)　甲骨文　鹿毛色華麗，故麗的本義爲華麗。字形則从鹿，丽聲。

慶(庆) 甲骨文𢉖 从心从鹿。帶禮向他人祝賀，鹿是最吉祥的禮物，故从鹿。本義慶祝。

麋 甲骨文𢉖 象麋鹿形。小篆麋定形爲形聲字，从鹿米聲。

343. 禺 𥝢

《説文》："母猴屬。頭似鬼。从由(fú)从内(róu)。"譯：禺，獼猴一類。腦袋象鬼頭，用由、内會意。

　　金文𥝢 古書上所説的一種猴子的象形。例字：

愚 金文愚 从禺从心。會意爲愚笨。

344. 兔 𠑹

《説文》："兔獸也。象兔踞，後其尾形。"譯：獸名。象兔蹲着，後部象兔子的尾巴。

　　甲骨文𠑹 兔子的象形。例字：

冤 甲骨文𠥘 从兔从冖。善良的兔子被布包住了，不能動。本義屈縮。引申爲冤屈。

345. 鼠 𪔀

《説文》："穴虫之總名也。象形。"譯：穴居虫蛇的總稱。象形。

　　甲骨文𪔀 老鼠的象形。例字：

竄 甲骨文𥨢 从鼠在穴中會意。老鼠受驚後逃進洞中。本義逃跑。

鼬 金文鼬 从鼠由聲。象鼠，比鼠大，紅黃色，吃鼠的野獸。

346. 能

《説文》:"熊屬。足似鹿。从肉㠯(以)聲。能獸堅中,故稱賢能。而彊壯稱能傑也。"譯:能,熊屬。足形似鹿。字形用肉作形旁,㠯作聲旁。能(熊)是獸的中堅,因此稱賢者爲"能";而強壯者,則稱爲"能傑"。

金文　熊的象形,能是熊的本字。熊性耐寒,故以爲能耐的"能"。於是又造一會意字,在能字下加火表示其能耐寒的特性,作爲熊這種野獸的名稱。

例字:

熊 甲骨文　从能,炎省聲。似豬的野獸。山居,冬眠。

態(态) 金文　从能从心。本義意態、形態。

347. 獸(兽)

《説文》:"守備者。从嘼从犬。"譯:獸,守候時機、備战行獵。字形用嘼、犬會意。

甲骨文　左單(捕獸武器)右獵犬,會意爲狩獵。後來把被獵取的對象叫獸,簡化爲兽。另造形聲字"狩"表狩獵。

348. 番

《説文》:"獸足謂之番。从釆(biàn)从田,象其掌。"譯:獸足叫番。用釆田會意,象獸掌的形狀。

甲骨文　从釆从田。釆象獸足之形,田表示獸足出現的地方。本義獸足印。

349. 蟲(虫)

《說文》："一名蝮。博三寸。首大如擘指。"譯：虫，一個名字叫"蝮"，寬三寸，頭部大如拇指。

甲骨文 　 虫即古它(蛇)字象形。東周以後"它又寫作"也"。"虫""它"同源。例字：

蛆 金文 　 从虫且(jū)聲。蒼蠅幼虫。

蜇 金文 　 从虫折聲。本義毒虫叮刺。

蟄(蛰) 金文 　 从虫執聲。昆虫隱藏冬眠。

蛋 金文 　 从虫从疋會意。本指東南沿海一帶水上的居民，含貶義。現指鳥類、兩栖類產的卵。

蜀 甲骨文 　 象虫子形，突出大眼和蜷曲的身子。本為蛾蝶類幼虫之名稱。卜辭中作地名。

虹 金文 　 从虫工聲。彩虹，形狀彎曲如虫。

蚤 甲骨文 　 从手从虫。上古人們接觸最多、最痛恨的虫子可能就是跳蚤，所以用一隻手捉虫子表示"蚤"。

強 金文 　 从虫疆聲。本為一種米虫。借用作強大、強壯。

蜡 甲骨文 　 从虫昔聲。蒼蠅的幼虫。

蠢 金文 　 从蚰春聲。本義虫子慢慢蠕動。

蠻(蛮) 金文 　 从虫从䜌，䜌(luán)亦聲。古代對南方少數民族的蔑稱。

蟬(蝉) 金文 从虫單聲。以身體兩側的發音器鳴唱的昆蟲。

閩(闽) 金文 从虫門聲。古代南方一个以蛇爲圖騰的民族。現在用作福建省的簡稱。

350. 蠶(蚕)

《說文》："任絲也。从䖵朁聲。"譯：一種能吐絲結茧的昆蟲。字形用"䖵(kūn)"作形旁，"朁"作聲旁。

甲骨文 蚕的象形。小篆開始出現从䖵(kūn)朁聲的形聲字。

351. 巴

《說文》："蟲也。或曰食象它(蛇)。象形。"譯：巴，大蟲。有人說，巴是傳說中吞食大象的巨蛇。

甲骨文 字形象大蛇的形狀。現在用的都是巴的假借義。

352. 雖(虽)

《說文》："似蜥蜴而大。从虫唯聲。"譯：象蜥蜴但比蜥蜴大的動物。字形用"虫"作形旁，"唯"作聲旁。

金文 从虫唯聲。象蜥蜴但比蜥蜴大的爬行動物。被借爲虛詞。

353. 它

《説文》:"虫也。从虫而長,象卷曲垂尾形。上古草居患它(蛇),故相問無它乎。"譯:蛇。字形用虫的結構,通過拉長虫字的尾巴形成"它"字,象蛇的身子蜷曲而垂尾的形狀。上古時代的人們居住在草野之中,總是擔心虫蛇的侵害,因此見面時總是互相問候:"你沒碰到蛇吧?"

甲骨文 ℓ 象蛇形,蛇的本字。今民間俗稱"蛇"爲"長虫"可證。例字:

蛇 甲骨文 ∫ 本作它,它被"其他"借走,後人另加形旁虫造出"蛇"字。

354. 豸 (zhi) 豸

《説文》:"獸,長脊。行豸豸然。欲有所司殺也。"譯:長脊野獸,行動悄然而充滿殺气,象是隨時準備展開獵殺的樣子。

甲骨文 豸 巨口長牙,肉食獸之形。後來爲虫豸(一切虫子)的通稱。《爾雅·釋虫》:"無足謂之虫、有足謂之豸。"例字:

貓(猫) 甲骨文 貓 从豸苗聲。小型食肉動物。

豹 甲骨文 豹 體形似虎,身上有环狀斑文。後來又造形聲字"豹",从豸勺聲。

豺 金文 豺 从豸才聲。狼屬,有狗一樣的叫聲,俗稱豺狗。

355. 易 易

《說文》:"蜥易、蝘蜓,守宮也。象形。《祕書》說:'日月爲易。象侌(陰)陽也。'"譯:易,蜥易,又叫蝘蜓、守宮。字形象蜥易之形。《祕書》上說:日、月二字合成"易",象徵陰陽的變易。

甲骨文 𗭁 蜥蜴形,蜴的本字。引申爲變易。

356. 魚(鱼) 魚

《說文》:"水虫也。象形。魚尾與燕尾相似。"譯:水中生物。象形。魚尾與燕尾相似。

甲骨文 魚 魚的簡筆畫。例字:

鯉(鲤) 金文 鯉 从魚里聲。鯉魚。

鰥(鳏) 金文 鰥 从魚眔(dà)聲。一種大魚,借指老而無妻的男人。

魯(鲁) 甲骨文 魯 从魚从口。本義吃到嘴裏的美味。借爲愚鈍。

漁(渔) 甲骨文 漁 雙手水中捉魚之形。本義打漁。

鮮(鲜) 金文 鮮 从魚,羊省聲。一種魚叫鮮。後來泛指活魚。

357. 龍(龙) 龍

《說文》:"鱗蟲之長。能幽能明,能細能巨,能短能長。春分而登天,秋分而潛淵。从肉,飛之形,童省聲。"譯:龍,鱗甲動物之王。能變暗,能變亮,能變細,能變大,能變短,能變長;春分時登天,秋分時潛淵。字形用"肉"作形旁，一副飛騰造型，以有所省略的"童"作聲旁。

甲骨文 ⿰ 國人圖騰崇拜的龍形。例字：

龔(龚) 甲骨文 ⿰ 从兩手拜龍之形，表現古人對龍的崇拜。恭的本字。小篆之後恭、龔分化。恭表恭敬，龔表供給。

恭 甲骨文 ⿰ 从兩手拜龍之形。古代恭、龔同字，見龍則恭，表現古人對龍的崇拜。"恭"起自戰國。从心得義(敬)，从共(拱)得聲，共亦兼表義。本義恭敬。

358. 龜(龟) ⿰

《說文》："舊也。外骨內肉者也。从它。龜頭與它頭同。"譯：龜，古老的動物。外部是骨質的護甲，甲殼內是肉身。字形用它作形旁，龜的頭與蛇的頭外形相同。

甲骨文 ⿰ 為正視龜形；金文 ⿰ 為側視龜形。隸定後的龜是側視之形。

十四、植物類漢字

359. 屮 (cǎo) ψ

《説文》："艸木初生也。象丨出形，有枝莖也。古文或以爲艸字。"譯：屮，草木初生。象草木長出地面，有了枝莖，古文有時把它當艸字。

　　甲骨文 ψ 莖之形。甲文本來不拘形體的多寡，所以有屮、艸(草)、卉(卉)、茻(莽)等形。後來字義才有草、卉、莽的區别。屮在《漢書》中還在單獨使用。例字：

卉 甲骨文 三棵草，代表許多草，泛指草。

芻(刍) 金文 手拔草之形。本義拔草、割草。也指飼草。

毒 甲骨文 从屮从毒(ài 禍害)。本義毒草，引申爲有毒的東西。

360. 屯

《説文》："難也。象艸木之初生。屯然而難。从屮貫一。一，地也。尾曲。《易》曰："屯，剛柔始交而難生。"譯：屯，生長艱難。字形象草木初生的樣子。屯然而艱難。字形用屮作形旁，象屮貫穿一。一，表示大地。屮的尾部彎曲。《易經》上説："屯，剛柔始交而難生。"

　　甲骨文 象艸木之初生。春的本字，後來借

197

爲駐守、屯集。

361. 春

《説文》:"春,推也。从艸屯日,艸春時生也。會意,屯亦聲。"譯:春,催生。字形由艸、屯、日構成,表示草在春天生發。春是會意字,屯也是聲旁。

金文 同許説。

362. 艸(cǎo)

《説文》:"百卉也。从二中。"譯:用兩个中(cǎo)會意。艸的總名。

小篆 俗作草。多作偏旁,寫作⺿,稱草頭。後人又造了形聲字草。例字:

草 金文 从艸早聲。本義櫟樹的籽實。今借爲艸木之艸。

芽 甲骨文 从艸牙聲。植物萌芽。

菜 金文 从艸采聲。本義蔬菜。

英 金文 从艸央聲。草本植物的花。

芹 甲骨文 从艸斤聲。本義芹菜。

茶 金文 从艸从余會意。从一種矮木上采摘的苦葉就是茶葉。

苦 甲骨文 从艸古聲。本義茯苓草的苦味。

葩 金文 从艸皅聲。本義花朵。

蓋(盖) 甲骨文 从艸从盍(hé 覆)。本義草編的覆蓋物。

董 甲骨文 ⚡ 从艸童聲。本義一種細小的草叫董。

葛 甲骨文 ⚡ 从艸曷聲。草本植物葛麻。

答 甲骨文 ⚡ 从艸从合。本義小豆。後借爲回答，字形也成从竹了。

茄(jiā) 甲骨文 ⚡ 从艸加聲。本義荷莖。做蔬菜的茄子是南北朝時才傳入我國的。

艾 甲骨文 ⚡ 从艸乂聲。本義艾蒿。

落 甲骨文 ⚡ 从艸洛聲。《說文》："凡艸曰零，木曰落。"本義樹木掉葉。

藐 甲骨文 ⚡ 从草貌聲。本義紫草。引申爲小。

荒 甲骨文 ⚡ 从艸巟聲。荒蕪，不長草。

藥(药) 金文 ⚡ 从艸樂聲。用以治病的草木。

薦(荐) 金文 ⚡ 从艸从鹿。本義獸吃的草。引申爲草墊。

莊(庄) 金文 ⚡ 从艸从壯。本義草茂盛，引申爲村莊。

蘭(兰) 金文 ⚡ 从艸闌聲。一種香草，蘭草。

蘇(苏) 金文 ⚡ 从艸穌聲。桂荏即今之紫蘇。

穢(秽) 甲骨文 ⚡ 从艸歲聲。本義田中長滿的野草。引申爲髒東西。

363. 茻(mǎng) 茻

《說文》:"眾屮(草)也。从四屮。"譯：很多草，用四個屮(cǎo)會意。

甲骨文 艸 叢生的草莖之形，艸後來通莽(草莽)。莽存而艸亡。例字：

莽 甲骨文 象一隻犬在草中。本義叢生的草。引申爲廣闊，又引申爲莽撞。

草 金文 从艸早聲。字形較後起。

莫 金文 从艸从日。象太陽落在草叢中。暮的本字。被莫(没有)借走後，又造形聲字"暮"。

萌 甲骨文 从艸明聲。草木發芽。

葬 金文 从死在艸中。掩埋屍體。

364. 叢(丛)

《說文》:"聚也。从丵取聲。"譯：丛，聚集。字形用丵(zhuó)作形旁，取作聲旁。

甲骨文、金文缺。小篆 應該是从丵(叢生之艸也)从聚省會意。本義野草密集。引申爲聚集。

365. 葉(叶)

《說文》:"艸木之葉也。从艸枼聲。"譯：草木的葉子。字形用艸作形旁，枼作聲旁。

金文 樹木枝葉的象形，後來又加艸變成葉。

366. 者

《說文》:"别事詞也。从白米聲。"譯：表示事物判斷的代詞。字形用白作形旁，米是聲旁。

甲骨文🙵 上面是甘蔗形，下麵是甘。蔗的本字。後被借爲虛詞。

367. 竹 艸

《説文》:"冬生艸也。象形。下垂者箁箬也。"譯：冬季生長的植物。象形。下垂的叫箁箬。

甲骨文 象兩張竹葉分成兩片之形。例字：

節（节） 金文 从竹即聲。本義竹節。後來凡植物枝干約束之處都稱爲"節"。節約、節制、節省等均爲引申義。

簡（简） 金文 从竹間聲。寫字的竹片、木片。

第 金文 从竹从弟。本義次第。

等 金文 从竹从寺。表示官署的竹簡要頓齊碼放。引申爲等同。

算 金文 从竹从目从廾。眼睛盯着，兩手撥弄竹片。本義計算。

管 金文 从竹官聲。本義是一種竹制的管樂器。

笨 金文 从竹本聲。本義竹裏，就是竹子的内表裏，也就是人們通常所說的"竹黃"。後來借爲形容詞"笨重"。

箸、着、著 甲骨文 箸、着、著甲骨文都是同一个字，从竹者聲。三字同源，古籍中通用。

個（个） 甲骨文 个 从半竹，本義一根竹子。金文从人固聲，表示單個人或物，借爲一般量詞。簡化字又回到本原。

368. 支 ㄓ

《説文》:"去竹之枝也。从手持半竹。"譯：竹節上叉生的細竹枝。用手作形旁，象手持不完整的竹子。

金文 ㄓ 手執竹枝形，指竹節上叉生的細竹枝枝的本字，引申爲分支、支持。作偏旁與"夊""攴""寸""又"通用。

369. 木 木

《説文》:"冒也。冒地而出，東方之行。从屮，下象其根。"譯：冒突。冒地而生。五行之中，東方屬木。字形用"屮"作形旁，下部象它的根。

甲骨文 木 木之形。上象枝葉、下象根。作偏旁可在左邊或下面。例字：

杜 甲骨文 杜 从木土聲。樹木名，杜梨。

杞 金文 杞 从木己聲。落葉灌木枸杞。

楊(杨) 甲骨文 楊 从木昜聲。楊樹。

桂 甲骨文 桂 从木圭聲。桂樹。

枝 甲骨文 枝 从木从支。樹的枝條。

枉 甲骨文 枉 从木㞷(huáng)聲。本義樹木彎曲不直。泛指彎曲。

札 金文 札 从木乙聲。古代用來寫字的小木片。

朽 甲骨文🗚 从木从丂會意。本義木頭腐爛。
杳 金文🗚 从日在木下。本義天黑,引申爲見不到蹤影。
査 金文🗚 从木从且(陽具)會意。樹木折斷後留在地面的木茬,形狀如且。借爲檢查。
某 甲骨文🗚 从木从甘。梅的本字。本指酸梅。借爲不定代詞後,另造形聲字梅。
柔 甲骨文🗚 从木从矛。本義新生的嫩木。引申爲柔軟。
楞 金文🗚 从木从四从方。本義四方形木。引申爲棱角。
析 甲骨文🗚 以斤(斧)劈木之形。本義分析。
果 甲骨文🗚 樹上果實成熟之形。本義果實。引申爲結果、如果。
李 甲骨文🗚 从木子會意。本義樹木的果實。
榮(荣) 金文🗚 从木,熒省聲。本義桐木。引申爲茂盛。
松 金文🗚 从木公聲。一種樹木。
朱 金文🗚 从木,一在其中。一種赤心木叫朱木。樹心紅色,所以朱又引申爲"紅色"。
末 金文🗚 从木,一在其上。指事符號"一"表示位置在樹的上部。本義樹梢。
本 金文🗚 从木,一在其下。指事符號"一"表示位置在樹的下部。本義樹根。本、末是典型的指事字。

梁 甲骨文 ✕ 从木从水，刅(chuāng)聲。河面上的小橋。引申爲兩牆之間的橫木。

柰 甲骨文 ✕ 从木从示。本是一種落葉小喬木。借爲如何。

校 甲骨文 ✕ 从木从交，交亦聲。古刑具木枷。引申爲學校、軍營。

檢(检) 甲骨文 ✕ 从木僉聲。書匣、書櫃上的檢索標籤。引申爲檢查。

板 金文 ✕ 从木僉聲。本義木板。老闆的"闆"與板無關，也簡化成板。

杏 金文 ✕ 从木从口。表示杏是果實可吃的一種樹本義杏樹。

棉 金文 ✕ 从木从帛會意。本義木棉。現在是草棉、木棉的統稱。

橫(横) 甲骨文 ✕ 从木黃聲。本義欄杆。引申爲橫向。

標(标) 甲骨文 ✕ 从木票聲。本義樹梢。

樹(树) 金文 ✕ 原爲尌(shù)，从壴(zhù)从寸，本義樹立、種植。因爲主要和植物有關，後又加形旁木。

條(条) 金文㯇 从木攸聲。小樹枝。

棲(栖) 金文㮦 从木妻聲。本義鳥停在樹上休息。

樣(樣) 金文㮞 从木妻聲。本義橡樹的果實，借指形狀。

370. 林 㰀

《説文》："平土有叢木曰林。从二木。"譯：平坦的地面上叢生的樹木叫作林。字形用兩个木會意。

甲骨文 㰀 雙木成林，三木成森。例字：

楚 金文 㮤 从林疋聲。一種叢生的灌木，也叫荆。

森 金文 森 从林从木。樹木極多的樣子。引申爲眾多。

梵 金文 㮥 从林凡聲。本義草木茂盛。借指與古印度和佛教有關的事物。

彬 金文 㮧 从林（眾多）从彡（文采）會意。表示文采實質兼備。彬彬本義即文雅又樸實。

371. 朵 㮨

《説文》："樹木垂朵朵也。从木，象形。"譯：樹木枝葉花朵下垂的樣子。从木，象形。

甲骨文 㮨 樹木的枝葉、花朵下垂的樣子，象形。泛指花朵。

372. 東(东) 東

《説文》："動也。从木。官溥説，从日在木中。"

譯：東，移動。字形用木作邊旁。官溥的觀點認爲，字形用日、木會義，表示日在樹叢中。

甲骨文 東 从日在木中，即日初出之形。故爲東方之"東"。古時主位在東，故主人稱東家。

373. 南 南

《說文》："艸木至南方，有枝任也。从木￥(rěn)聲。"譯：草木到了南方，則花繁葉茂。用木作形旁，用￥作聲旁。

金文 南 悬掛的鐘形樂器。借爲南方的南。

374. 麻 麻

《說文》："與𣏟(pài)同。人所治，在屋下。从广从𣏟。"譯：麻与𣏟相同。麻是人所加工的纖維，因此在屋下。字形用广、𣏟會意。

金文 麻 从厂从𣏟。𣏟與麻不同，𣏟是古人主要的植物纖維來源——大麻。麻則是大麻加工制取的麻絲。今則𣏟、麻通用。

375. 片 片

《說文》："判木也。从半木。"譯：片，被劈開的木塊。字形用半個木的指事方法造成。

甲骨文 片 木片之形。《說文》有片無爿(pán)，而从爿之字多以爿爲聲，如將、狀、戕。例字：

版 金文 從片反聲。本義木板。

牘(牒) 金文 從片賣。古代市場上售賣的用於寫字的木片。牘比簡寬，可以寫幾行字。

牌 金文 從片卑聲。用作標志的板。

376. 束

《說文》："縛也。從口木。"譯：捆綁。字形用"口、木"會意。

金文 木上加一个口，象用繩捆木條，因而表示一切束縛。

377. 朿(ci)

《說文》："木芒也。象形。讀若刺。"譯：樹的芒刺。象形字。讀作刺。

甲骨文 刺的象形。今作刺，刺行而朿廢。

例字：

刺 金文 從刀從朿，朿亦聲。君王殺死大夫叫"刺"。

棗(枣) 甲骨文 從重朿。指多刺的棗樹。

策 甲骨文 上面是樹枝形，下面是朿。本義被當做馬鞭的帶刺的樹枝。後演變成竹頭，也指寫字用的竹片。

378. 才

《說文》："艸木之初也。從丨上貫一，將生枝葉

207

也。一，地也。"譯：才，草木初生的樣子。字形由丨、一構成，"丨"象草木之莖貫穿地面，將生而未生的枝葉；"一"表示地面。

甲骨文 中 草木嫩芽剛从地下長出之形。本義艸木之初。例字：

在 甲骨文 十 同才，金文 圵 加形旁土成在。本義存在。

存 甲骨文 从才从子。才，初生的草木；子，初生的胎兒。本義存活，引申爲存在。

379. 句(gōu)

《説文》："曲也。从口丩聲。"譯：彎曲。字形用口作形旁，丩(jiū)作聲旁。

金文 本作丩，蔓生植物相糾結之形。金文加口成句，句是勾的本字。後來"句"當"句讀"之"句"講，才又造"勾"字。再後來勾又加金成"鈎"。"句、鈎"通用。俗稱"勾"。例字：

勾 金文 同句。蔓生植物藤蔓相糾結之形。本義勾連。

鈎(钩) 甲骨文 从金从句，句亦聲。彎曲的鈎子。

380. 生

《説文》："進也。象艸木生出土上。"譯：發育進展。象草从泥土上長出。

208

金文 ᐰ 土上加中,是植物生長的意思,動詞。

例字：

產(产) 甲骨文 ᐰ 从生,彥省聲。本義產子。

丰 甲骨文 ᐰ 从生,把生的中豎向下延伸,表示根深葉必茂。本義丰茂。

381. 耑 (duān) 炁

《說文》:"物初生之題也。上象生形,下象其根。"譯：植物初生的頂端。上端象生長的形狀,下端象它的根。

甲骨文 炁 草木初出,枝葉漸生之形。上面是枝葉,下面是根,中間的"一"是地面。耑是端的本字。本義開端。多作聲旁。

382. 不 ᐰ

《說文》:"鳥飛上翔不下來也。从一,一猶天也。象形。"譯：飛翔,表示鳥在高空飛翔,不降落。字形用"一"作字根,"一"好比是天。字形象鳥在天上飛翔的樣子。

甲骨文 ᐰ 象花蒂之形。不的本義是花蒂。所以用木制的形狀象花蒂的飲具叫杯(从木从不)。"不"後來被借爲否定詞。許慎對"不"的解說不正確。例字：

杯 金文 ᐰ 从木从不。木制的形狀象花蒂的飲具。

否 金文 ᐰ 从不从口會意。本義不贊同。

383. 烝(chuí)

《說文》:"艸木華(花)葉垂。象形。"譯:草木花葉下垂。象形字。

甲骨文 烝 艸木花葉下垂的樣子。垂的本字。引伸爲凡下烝之偁。今借邊垂(陲)的"陲"作下垂(烝)的"烝",陲行而烝廢,只做偏旁了。如"差(壁)、素(縈)"都从"烝"。例字:

差 甲骨文 从左从烝。古人卑左,所以差的本義是不好、不如。

素 金文 从糸从烝。未染色的絲織品。引申爲白色、質樸等義。

384. 琴(花)

《說文》:"艸木華也。从烝亏聲。"譯:艸木開的花。用烝做形旁,亏作聲旁。

金文 琴 花朵的象形。花的本字,名詞。

385. 華(华)

《說文》:"榮也。从艸从琴。"譯:樹木開花。字形用"艸、琴"會意。

甲骨文 琴(花)、華(華)實爲一字。琴(花),名詞。華(華),形容詞,如繁華、華麗、華美等。有時花、華也通用,如春華秋實。

十五、天象類漢字

386. 天 页

《說文》:"顛也。至高無上,從一大。"譯:天,頭頂。至高無上,字形由一、大構成。

甲骨文 ⟨圖⟩ 大(人)的上面突出頭。本義頭頂。

例字:

昊 金文 ⟨圖⟩ 從日從天會意。本義廣大無邊。

387. 日 ⊙

《說文》:"實也。太昜(太陽)之精不虧。從口一,象形。"譯:日,能量充盈。太陽的精華永遠不會枯竭,字形用口和一構成。象太陽的形狀。

甲骨文 ⟨圖⟩ 太陽之形。例字:

暗 甲骨文 ⟨圖⟩ 從日音聲。本義日無光。

昌 金文 ⟨圖⟩ 從日從曰。本義贊頌。引申爲興盛。

旺 金文 ⟨圖⟩ 從日王聲。本義熾熱。引申爲興盛。

昕 金文 ⟨圖⟩ 從日斤聲。太陽將要出來的時候。

普 甲骨文 ⟨圖⟩ 從日從並。本義日光照到每个人。

景 甲骨文 ⟨圖⟩ 從日從京,京亦聲。本義日光。引申爲風景。

暴 甲骨文 ⟨圖⟩ 從日,從出,從収,從米。兩手拿米在陽光下曬,本義照曬。曝的本字。

暑 金文 ⟨圖⟩ 日者聲。本義天气熱。

晦 金文 𣅼 从日每聲。本義農歷每月三十。月亮從弦月到完全隱形。

晚 金文 𣆶 从日免聲。本義日暮之後。

旭 甲骨文 𣆷 从日从九。九是最大的數字，借以表示初生的太陽大放光芒。

映 金文 𣆍 从日央聲。本義照耀。

昆 金文 𣇃 从日从比。天天在一起，本義一同。

的 金文 𣆳 日勺聲。本義光綫明亮。借爲箭靶中心。

昂 甲骨文 𣆟 从日印，印亦聲。本義抬頭（望太陽）。

杲 金文 𣐼 从日在木上。本義明亮。

旱 金文 𣆅 从日干聲。本義久晴不雨。

昧 金文 𣇉 从日从未。本義日光不明，昏暗。

昨 金文 𣆤 从日从乍，乍亦聲。本義剛過去的一天，泛指過去。

晌 金文 𣆸 从日从向（窗子）會意。陽光照進窗戶就近中午了。本義中午。

曉(晓) 甲骨文 𣇄 从日堯聲。本義天亮。

曠(旷) 甲骨文 𣇊 从日廣聲。開闊明亮。

時(时) 甲骨文 𣅔 上足下日，从之从日，之亦聲。之日急言爲時，所以"之日"就是"是日"，即"此時"的意思。

暈(晕) 甲骨文 ⊙ 太陽被雲層緊緊包住。後來成了形聲字，从日得義，从軍得聲。

疊(叠) 甲骨文𝌀 从三日从宜。古代判了罪，等過了三日，證明所判適宜，才予執行。隸書上面改成从三田，簡化字定形爲从三又。本義重复。

388. 昔 昔

《說文》："乾肉也。从殘肉，日以晞之。"譯：昔，乾肉。字形用殘肉狀的㸚作形旁，用太陽曬乾這些殘肉。

甲骨文 上部爲洪水橫流之形，下面是日。人類先民都經歷過難忘可怕的洪水災害，這在各民族的文獻中均有記載。㇇㇇加日表示洪水已成過去，所以昔的本義是往昔，卜辭中多用此義。

389. 晉(晋)

《說文》："進也。日出萬物進。从日从臸。"譯：晉，長進。太陽出來普照大地，萬物長進發展。字形用日、臸會意。

甲骨文 日上兩个至，表示日出萬物長進發展。本義長進。

390. 旦 旦

《說文》："明也。从日見一上。一，地也。"譯：旦，天亮。字形用日作形旁，象日在一之上。一，表示地平綫。

甲骨文 太陽剛剛升起尚未完全離開地面，故有一團陰影相連。後來陰影寫成一橫，而且與太陽分開了，於是字形成"旦"。

391. 早 昂

《說文》："晨也。从日在甲上。"譯：清晨。字形用"日、甲"會意，象"日"在"甲"上。

甲骨文昂 甲象人頭，日在其上則早之意也。

例字：

卓 金文 ? 匕早爲卓。匕是比較排序的意思，匕早就是排在前列，本義高超、卓越。

392. 晶 晶

《說文》："精光也。从三日。"譯：宇宙精華發出的光輝。字形用三个"日"會意。

甲骨文品 卜辭中爲星字。星又有光明晶瑩的意義，後來"晶瑩"之意通行，"星座"的意思消失。

例字：

星 甲骨文 ? 字形從三个(多數)日，表示繁星。又加 ?(生)爲聲旁。

參(参) 甲骨文 ? 人頭上有三顆星。28星宿之一的參星。也作數字叁。引申爲參加。

393. 月 ?

《說文》："闕也。太会(陰)之精。象形。"譯：有如太空闕門，富於陰晴圓缺之變化。月是宇宙間太陰的精魂。象月缺之形。

甲骨文 ? 爲了與日區別，只作半月之形。月中的一點可有可無。例字：

期 金文 🔶 从其从日，其亦聲。"其日"即表示時間的"期"。後來字形才从月換成"期"。

夙 金文 🔶 从月从丮。本義早起勞作。

朔 金文 🔶 从月屰(nì)聲。歷每月初一的月亮，開始從弦月向滿月復蘇。

朗 甲骨文 🔶 从月良聲。本義月光明亮。

朝 甲骨文 🔶 从日月同在林間。日升而月未落，早晨。

霸 金文 🔶 从月从䨣(gé)。本義每月初見的月亮。借指蠻橫。

394. 明 🔶

《說文》："照也。从月囧。"譯：日月照耀。字形由"月、囧"會意。

甲骨文 🔶 可見不从囧，而是从 🔶 (囱)从月，意為月光從天窗透進來。字形所以从月不从日，則是因為白天到處都明亮，反而不如黑夜的月光更能顯得明亮。至於"明"的左半邊的"日"那是由囱訛變為囧，囧又訛變為日。現在日月會意似乎更能代表光明。

395. 夕 🔶

《說文》："莫(暮)也。从月半見。"譯：太陽下山。字形依據"月"字變形，象月亮半隱半現。

甲骨文 ☽ 夕和月本爲一個字，後來才分爲夕、月。例字：

名 甲骨文 ㊂ 从口从夕。天黑後人們互相看不清，所以告訴別人自己的名字。

夜 甲骨文 ㊁ 从夕亦聲。天下萬眾入舍睡覺的時間。

外 金文 ㊂ 从夕从卜。占卜應在白天進行，但卻夕（暮）卜．這對事情來說是離題萬里了。本義疏遠。

夢（梦） 金文 ㊂ 从夕，瞢省聲。本義睡眠中的幻象。

396. 多 多

《說文》："重也。从重夕。夕者，相繹也，故爲多。重夕爲多，重日爲疊。"譯：重復。字形用"重夕"會意。夕，表示相演繹，所以變成多。重疊"夕"字叫"多"；重疊"日"字叫"疊"。

甲骨文 多 从重夕。本義眾多。

397. 歲（岁）歲

《說文》："木星也。越歷二十八宿，宣徧陰陽，十二月一次。从步戌聲。"譯：歲就是木星。經過二十八星宿，走遍陰陽十二辰，十二個月一輪回。字形用步作形旁，戌作聲旁。

金文 歲 同許說。木星的公轉周期約爲12年，地球上的人每隔一年，剛好看到木星出現在同一方位。因而把一年叫一歲。

398. 雨 雨

《說文》："水从雲下也。一象天，冂象雲，水霝其間也。"譯：雨，水从雲層降至地面。字形頂部的"一"，象天穹，"冂"象低垂的雲團，水零落其間。

甲骨文 象雨點下落之形。例字：

電(电) 金文 从雨从申。申象閃電之形（參看申字解說）。本義閃電。

零 甲骨文 从雨令聲。本義下雨。引申爲凋零。

雷 甲骨文 中間的曲綫代表閃電，車輪形代表隆響。閃電發出的隆響就是雷。後加雨作形旁。

霜 金文 从雨相聲。冰霜，使萬物喪失生機的東西，也是促進部分作物成熟的東西。

震 金文 从雨辰聲。本義指霹靂。引申爲震動。

雯 金文 从雨从文（紋）。本義花紋狀的雲。

霞 金文 从雨叚聲。紅色的雲气。

露 金文 从雨路聲。上蒼用來潤澤萬物的水汽。

霏 金文 从雨非聲。小雨如雲似霧飄飛的樣子。

霖 金文 从雨林聲。連續下三天以上的雨。

399. 雪 雪

《說文》："雪，凝雨，說物者。从雨彗聲。"譯：雪，凝結雨水而成，从天上飄落並帶給天下萬物喜悦的美麗冰晶。字形用雨字頭，彗是聲旁。

甲骨文𩃬 上面雨點，下面雪片，會意字。後來變成形聲字。

400. 雲(云) 䨺

《說文》："山川气也。象云回轉形。"譯：山川升騰之气。象云气回旋的形狀。後人加雨作雲。

甲骨文云 上二橫代表雲層，下面是雲气繚繞之形。後來因爲云多和雨有關，故加雨頭而成"雲"。云則被借爲虛詞。

401. 需 需

《說文》："待也。遇雨不進，止待也。从雨而聲。《易》曰：'雲上於天，需。'"譯：需，等待。遇雨無法前進，停下等待。用雨作形旁，而作聲旁。《易經》上說："雲上升到天頂，就是需。"

金文需 甲骨文的需是大（人）在雨中之形，与而無關。後人在其上加雨字，下面也變成了而。本義等待。

402. 氣(气) 气

《說文》："雲气也。象形。"

甲骨文三 雲气的象形，雲气之"气"的本字。最早的字形是三橫，表示空中气流。爲了與三區別，第一橫向上翹而第三橫向下拖，遂成"气"字。很多時候被當作"乞"而訓爲求。本是假借，借用久，

遂以"氣"代"气"。氣是餼(xì 饋贈的食物)的本字,現在簡化字又回到本原。例字:

气 金文 ⌇ 雲气的象形,同气。被借爲乞討後,寫成乞。

氛 甲骨文 从气分聲。吉祥的雲气。

氧 金文 从气羊聲。氧气。

403. 火

《説文》:"燬也。南方之行,炎而上。象形。"
譯:火是可以燒毁一切的東西。五行之中,火代表南方屬性,火光熊熊气勢向上。字形象火焰的形象。

甲骨文 火燄之形。作偏旁時寫作"灬"或"火"。例字:

灰 甲骨文 从火从手。火燃盡後剩下的,用手可以摸到的東西叫灰。

炊 金文 从火,吹省聲。燒火做飯。

焰 金文 从火臽聲。本義火苗。

灸 甲骨文 从火久聲。用香草灼疗。

炬 金文 从火巨聲。本義燃燒的火把。

炒 金文 从火从少會意。本義煎炒。

炸 甲骨文 从火从乍會意,乍兼表聲。本義火力爆發。

焦 甲骨文 从火从隹會意。或説火燒鳥毛爲焦。本義燒傷。

炎 金文 🔥 兩个火相連，本義大火。

然 甲骨文 🔥 从火肰(rán)聲。肰，犬肉。本義燒烤。

烝 小篆 🔥 从火丞聲。本義火气上升。

煦 金文 🔥 从火昫會意，昫兼表聲。本義溫暖。

炯 金文 🔥 从火同聲。本義光芒。

照 金文 🔥 从火昭聲。陽光使天地明亮。本義照亮。

焚 甲骨文 🔥 从火从林。本義燒山墾田。

炭 金文 🔥 从火，岸省聲。本義木炭。

冶 甲骨文 🔥 从火从刀从二(代表金屬)。把金屬熔化鑄刀。本義熔煉金屬。小篆開始把代表金屬的二訛變成仌(冰)，火和刀訛變成台。

票 甲骨文 🔥 从火从升。火焰升騰。引申爲空中擺動。飄的本字。後借爲紙片，另造形聲字飄。

烈 甲骨文 🔥 从火列聲。本義火猛。

煎 金文 🔥 从火前聲。一種烹飪方法。

烹 金文 🔥 从火亨聲。本義烹飪，把食物做熟

輝(辉) 甲骨文 🔥 从火軍聲。本義火光。

燊(荧) 金文 🔥 从焱从冂。屋下燈燭之光。

煩(烦) 甲骨文 🔥 从火从頁會意。因發燒而頭痛。引申爲苦悶、急躁。

熱(热) 甲骨文 🔥 人手持火把之形。本義溫度高。

煙(烟) 甲骨文 🔥 一个屋子有窗有火，會意爲在屋內生火，煙从窗戶冒出。本義炊煙。小篆中簡化

爲从火垔(yìn)聲的形聲字。

燒(烧) 金文 𤉢 从火堯聲。本義焚草種地。

災(灾) 甲骨文 𤆂 大火燒屋之形，故爲"災害"。因洪水也可造成災難，又造形聲字災。現統一爲灾。

404. 囧 ④

《說文》："窗牖麗廔闓明。象形。"許慎由於沒有見過甲骨文，采用了後人附會的"窗格象形"説，認爲囧是窗牖分格開明的象形。

甲骨文 ⊙ 大火熊熊之形。同的音是火神"祝融"二字連讀的合音。二字連讀在古文中較常見(如"不用"二字連讀爲"甭")。故囧爲火神的標記。本義是光明。

405. 光 𤎾

《說文》："明也。从火在人上，光明意也。"譯：明亮。字形用"火"作形旁，象火把在人的上方，光明的意思。

甲骨文 𤎾 象火把在握之形，本義光明。例字：晃 甲骨文 𤎽 从日从光。本義明亮。

406. 黄(黄) 黄

《說文》："地之色也。从田从炗，炗亦聲。炗，古文光。"譯：中原土地的顏色。字形用田、炗會意，炗也是聲旁。"炗"是古文寫法的"光"字。

甲骨文 黄 一个人胸前佩帶玉，璜的本字。後來被借爲黃色。又造形聲字"璜"。

407. 赤 🔥

《說文》:"南方色也。从大从火。"譯:南方的顏色。字形用"大、火"會意。

甲骨文 🔥 大火爲赤,有光明的意思,這個意思後來字形寫成"赫"。大火的顏色也叫"赤",形容詞。《禮·月令》:"色淺曰赤,色深曰朱。"例字:

赫 甲骨文 🔥 从二赤。火焰赤紅的樣子。

408. 黑 🔥

《說文》:"北方色也。火所熏之色也。从炎上出冏(窗)。"火熏形成的顏色。字形用炎作形旁,炎的上部突出"冏"。

金文 🔥 上部象煙囱中的點點煙灰,下是大火。用煙灰表示黑色。例字:

黯 甲骨文 🔥 从黑音聲。本義深黑。

熏 甲骨文 🔥 从中从黑。火苗、煙霧向上冒出,烤黑物品。

默 甲骨文 🔥 从犬黑聲,本義狗偷襲人。引申爲靜默。

墨 金文 🔥 从土从黑,黑亦聲。本義墨條。

點(点) 金文 🔥 从黑占聲。本義黑點。

黨(党) 甲骨文 🔥 从黑尚聲。本義黝黑、不明亮。引申爲謀私利的團伙、集團。

十六、地理類漢字

409. 土 土

《說文》："地之吐萬物者也。二，象地之上地之中。｜，物出形也。"譯：大地用以吐生萬物的介質。上下兩橫的"二"，象地之下、地之中，中間的一豎"｜"，象植物從地面長出的樣子。

甲骨文 ☗ 金文 土 郭沫若："象陽具，故雄性動物稱牡。"（參看牡字解說）。例字：

培 金文 ☗ 从土咅(pǒu)聲。培築土敦，堆土。

堂 金文 ☗ 从土尚聲。本義殿室、正屋。

坎 甲骨文 ☗ 从土欠聲。本義凹陷的土坑。

塊(块) 金文 ☗ 从土在一屈，一屈是筐的象形。筐裏裝土之形。本作凷，本義土塊。小篆開始有了形聲字"塊"，簡化字成為从土从夬。

均 甲骨文 ☗ 从土从匀，匀亦聲。本義將地整平。

垢 甲骨文 ☗ 从土后聲。本義污穢物。

墓 金文 ☗ 从土莫聲。本義墳丘。

坐 甲骨文 ☗ 兩人坐土上(地上)之形。

垣 金文 ☗ 从土亘聲。本義外牆。

堤 金文 ☗ 从土是聲。用壩擋水。

埃 金文 ☗ 从土矣聲。落定的灰塵。

基 甲骨文 ☗ 从土其聲。本義牆壁的起建點，基礎。

垂 金文 𡈋 从土𠂹聲。本義偏遠的邊疆，邊陲。被借爲下垂的垂，後另造形聲字陲。

圾 甲骨文 𡉏 从土其聲。本義垃圾。

址 金文 𡉏 从土从止會意，止亦聲。本義地基。

坦 金文 𡊮 从土旦聲。本義安定。

坡 金文 𡊮 从土皮聲。有一定斜度的土阪。

堡 金文 𡊮 从土从保會意，保亦聲。本義堡壘。

型 金文 𡊮 从土刑聲。本義鑄器的模子。

堵 金文 𡊮 从土者聲。本義牆垣，引申爲堵塞。

填 金文 𡊮 从土从眞會意。本義充塞。

堪 金文 𡊮 从土甚聲。本義地面突起。引申爲能夠。

增 金文 𡊮 从土曾聲。本義添加。

壓(压) 甲骨文 𡊮 从土厭聲。本義崩壞垮塌。

場(场) 金文 𡊮 从土昜聲。平坦的空地。

壇(坛) 金文 𡊮 从土亶聲。祭祀用的土臺。

墊(垫) 金文 𡊮 从土執聲。本義放置於底部的東西，墊子。

墳(坟) 甲骨文 𡊮 从土賁聲。墓地。

410. 堇(jīn) 菫

《說文》："黏土也。从土，从黃省。"譯：堇指黏土。用土作形旁，用有所省略的黃字做聲旁。

甲骨文 𡊮 上黃下土，黃土多黏。本義黏土。

224

例字：

漢(汉) 甲骨文 ~~漢~~ 从水从堇，堇亦聲。堇是黄色黏土，漢水因色如黄土得名。本指漢水。

艱(艰) 甲骨文 ~~艱~~ 从堇从艮。本義困難。

411. 坤 坤

《説文》："地也。《易》之卦也。从土从申。土位在申。"譯：坤，大地。《易經》八卦之一。字形用土、申會意，因爲坤的位置在西南的申位。

甲骨文 ~~坤~~ 从土从申。本義指地。與乾相對。

412. 地 地

《説文》："元气初分，輕清陽爲天，重濁陰爲地。萬物所陳列也。从土也聲。"譯：地，宇宙間渾沌的元气初分之時，輕清的陽气上升爲天，重濁的陰气下沉爲地。地是萬物陳列的所在。字形用土作形旁，也作聲旁。

甲骨文 ~~地~~ 地爲土爲陰，所以土和也都表義。

413. 田 田

《説文》："樹穀曰田。象四口，十，千百(阡陌)之制也。"譯：種穀子的地方叫田。象四个口。字形中央的"十"，表現的是阡陌縱横的格式。

甲骨文 ~~田~~ 井田制下井田的象形。中間的"十"就是阡陌。例字：

畜 金文 ~~畜~~ 从糸从田會意。積聚、儲藏田地裏的收穫，蓄的本字。

畔 金文 [字形] 从田半聲。本義田界。

界 金文 [字形] 从田介聲。介，本義界限，也表意。本義邊境。

苗 金文 [字形] 从田从艸。田裏的莊稼苗。

由 金文 [字形] 从田从丨。大路通向井田的阡陌。本義自、从。

留 金文 [字形] 从田夘(酉)聲。本義止歇於某地。

略 甲骨文 [字形] 从田各聲。本義地界。被借用作掠。

疆 甲骨文 [字形] 从弓从二田。這裏的弓是丈量土地的工具，本義畫分地界。

畦 金文 [字形] 从田圭聲。田五十畝叫一畦。

畸 金文 [字形] 从田奇聲。本義零星的不規整的田地，引申爲不規則的形狀。

疇(畴) 甲骨文 [字形] 象犁過的田溝，本義耕作過的田地。小篆 [字形] 開始加形旁田，後來右邊又訛變成壽，兼作聲旁。

當(当) 金文 [字形] 从田尚聲。本義抵得上，相當。

晦(亩) 甲骨文 [字形] 从田每聲。本義田壟。

414. 山 山

《說文》："宣也。宣气散，生萬物。有石而高。象形。"譯：高山宣發地气，散佈四方，促生萬物，有石崖而高聳。象高峰連綿之形。

甲骨文 ⛰ 象山峰之形。三个山峰表示多數，即群峰起伏之狀，故爲大山之稱。例字：

岱 金文 𣑭 从山代聲。本義大山。

崇 甲骨文 𣑭 从山宗聲。山嶺巍峨高聳。

魏 金文 𣑭 从鬼委聲，鬼指山高大。本義山高大，後來省去山。

岑 金文 𣑭 从山今聲。山小而高。

崔 甲骨文 𣑭 从山隹聲。本義山峰巍峨挺拔。

岔 甲骨文 𣑭 从山从分。本義山脉分歧的地方。

岩 甲骨文 𣑭 从山上石。本義山崖。

崩 甲骨文 𣑭 从山朋聲。山體坍塌。

島(岛) 甲骨文 𣑭 从山鳥聲。海中往往有孤山讓鳥兒可以依傍停歇，叫作"島"。

幽 甲骨文 𣑭 从山从二幺會意。隱而不現。

峙 金文 𣑭 从山寺聲。本義山直立、聳立。

峭 金文 𣑭 从山肖聲。本義山勢高峻。

崛 金文 𣑭 从山屈聲。山底座小但山峰挺拔，泛指突起。

巒(峦) 甲骨文 𣑭 从山絲聲。山小而尖。

嶺(岭) 金文 𣑭 从山領聲。本義山道。

峽(峡) 金文 𣑭 从山从夾會意，夾亦聲。兩山夾峙之地爲峽。

峯(峰) 甲骨文 𣑭 从山夆聲。高山的頂端。

415. 丘 𠂈

《説文》:"土之高也。非人所爲也。从北,从一。一,地也。人居在丘南,故从北。"譯:丘,非人爲堆筑的高聳土堆。字形用北、一會意。一,表示地面,因爲人通常居住在山丘南面,所以字形用北作丘。

甲骨文 𠂈　應爲小山的象形。例字:

虚(虚) 金文 𧆣　从丘虍聲。本義高大的土丘。古者九夫爲井,四井爲邑,四邑爲丘。丘謂之虚。

岳 甲骨文 𡶓　从丘从山,象山巒疊嶂形。本義高大的山。

416. 㠯(duī) 㠯

《説文》:"小𨸏(fù)也。象形。"譯:小土堆。象形字。

甲骨文 𨸏 㠯(duī)是矮的土山之形,應當橫看作 𠂈,以山峰之多少而區別其大小。堆的本字。

例字:

師(师) 金文 𠂤　从㠯从帀(zā 環繞)。㠯在卜辭中被借用爲師。古帀、師同字,本義是衆多。所以師也被用作古代軍隊的編制單位,二千五百人爲一師。今天説"師範"即衆人的規範。

堆 甲骨文 𨸏　兩个土堆之形。本作㠯。堆是後起的形聲字。

417. 阜 昌

《說文》："大陸也。山無石者。象形。"譯：阜，大陸。阜，是沒有石頭的山，象沒有石頭的大土山之形。

金文 昌 與𠂤本爲一字(參看𠂤字解釋)，隸定後作偏旁寫作"阝"，用在字的左邊。例字：

阿 甲骨文 阿 从阜可聲。本義大山。陶潛詩"死去何所道，托體同山阿"用本義。

陵 甲骨文 陵 一个人一足在地面，一足向阜攀登之形。本義是動詞攀登。如《左傳》"齊侯親鼓，士陵城"意思是："齊侯親自擊鼓，(以激勵)士兵攀登城牆。"後來引申爲大的土堆(如陵墓)，名詞。於是動詞的"陵"就借"冰凌"的"凌"字。如杜甫《望岳》"會當凌絶頂，一覽衆山小"的"凌"就當"攀登"講。又今天的"凌駕"的"凌"也用的是動詞"陵"的本義。

際(际) 金文 際 从阜祭聲。兩牆相合之縫也，引申爲連接處。

除 金文 除 从阜徐省聲。緩步登臺階，本義臺階。

限 甲骨文 限 从阜从艮。大山擋住了人的視綫。本義阻隔。

陶 金文 陶 从阜从匋，匋亦聲。會意爲取土做陶器。本義陶器。

阮 金文 㫔 从阜元聲。古關名。在今河北省。

防 金文 㘰 从阜方聲。本義堤壩。引申爲防備、戒備。

阻 金文 阻 从阜且聲。險峻的高山。

陋 金文 陋 从阜匧(lòu)聲。本義僅側身可過的關口。引申爲窄小、簡陋。

陡 金文 陡 从阜走聲。本義陡峭。

隱(隐) 金文 隱 从阜㥯(yǐn)聲。本義遮蔽。

陳(陈) 甲骨文 陳 从阜从東。本義東方大丘——宛丘。借用作陣之後，引申爲陳列。

陣(阵) 甲骨文 陣 从阜从車。本義在有利地形排列戰車。

隊(队) 甲骨文 隊 一个人从高處墜落。墜的本字。借爲隊列的隊。金文 隊 把人改成動物形，定型爲隊。簡化字又恢復本原。

墜(坠) 甲骨文 墜 本作隊。一个人从高處墜落。金文 墜 開始加土，从土从隊，隊亦聲。本義墜落。

險(险) 甲骨文 險 从阜僉聲。本義難以通行的山。

陸(陆) 金文 陸 从阜从坴(lù)，坴亦聲。本義陸地。

418. 陰(阴) 陰

《説文》："闇也。水之南，山之北也。从阜侌(yīn)聲。"譯：陰，昏暗無光。陰坡，指河川南面、山嶺北面。字形用阝(阜)作形旁，侌是聲旁。

230

金文 ⿰ 同許說。

419. 陽(阳) 陽

《說文》:"高、明也。从阜昜聲。"譯:陽,高而亮。字形用阝(阜)作形旁,昜是聲旁。

甲骨文 陽 从阜昜聲。与陰相對,本義陽坡。

420. 岡(冈) 岡

《說文》:"山骨也。从山网聲。"譯:岡,山梁脊骨。字形用山作形旁,网作聲旁。

金文 ⿱ 崗的本字。本義山岡。例字:

崗(岗) 金文 ⿱ 从岡从山。本義山脊。

421. 石 石

《說文》:"山石也。在厂之下。口象形。"譯:山上的石頭。好象石頭在山崖之下;口是石塊的象形。

甲骨文 石 厂象崖角,口象崖下石塊之形。

例字:

磊 金文 ⿱ 从三石會意。眾石成堆。石頭堆積的樣子。

破 甲骨文 破 从石皮聲。本義石頭碎裂。

研 甲骨文 研 从石开(jiān)聲。本義研磨。

碑 甲骨文 碑 从石卑聲。豎立的刻了字的石塊。

碧 甲骨文 碧 从玉石,白聲。極美的青石。

硬 金文 硬 从石从更。本義比石頭還硬。

碎 金文 碎 从石卒聲。將石頭變成細顆粒。

礎(础) 甲骨文 㲋 从石楚聲。鋪墊房柱的石頭。
確(确) 金文 㾑 从石隺聲。本義堅固、堅定。

422. 丹 ⺼

《說文》："巴越之赤石也。象采丹井。丶象丹形。"譯：巴蜀吳越地帶的赤色礦石。字形象采丹的井口，其中的一點表示赤色礦石。

甲骨文 ⽇ 丹是一種作顏料用的礦石，也叫朱砂。赤色。井象穴，俗稱爲丹井，"丶"是礦石。

例字：

彤 金文 㐾 赤色的裝飾，故字從丹從彡(shān)。

423. 青 ⻘

《說文》："東方色也。木生火，从生从丹。"譯：青，代表東方特徵的顏色。木生火，所以字形用"生、丹"二形會義。

金文 ⿳ 上生下丹。即從礦中提取的草木色的顏料，多指藍色或黑色。例字：

靜(静) 甲骨文 㪟 从青从爭。本義不爭。引申爲不動。

424. 水 ⽔

《說文》："準也。北方之行。象眾水並流中有微陽之气也。"譯：水，平度的標準。在五行中，水代表北方的屬性。字形象眾水同流，中間的一豎表示藏在水中的微陽气息。

甲骨文 ⺡ 中間是水脈，兩邊是水點。例字：

江 甲骨文 ⿰ 从水工聲。南方的大河。

海 金文 ⿰ 从水从每。海爲水之母。水所歸爲海。

油 金文 ⿰ 从水由聲。長江一條支流叫油水。今借爲油脂。

没 甲骨文 ⿰ 从水从𠬛(mò)。本義沉入水中。

沉、沈 甲骨文 ⿰ 一頭牛被水淹没之形。本義沉没。

泳 金文 ⿰ 从水永聲。本義潛泳，泛指游泳。

演 甲骨文 ⿰ 从水寅聲。水長流。引申爲不斷變化。

浴 甲骨文 ⿰ 一人洗浴之形。

治 金文 ⿰ 从水从怡省會意。水得治理使人愉快。本義治水，泛指治理、管理。

漏 甲骨文 ⿰ 本作屚，屋漏雨之形。本義屋漏。後加形旁水。

浮 金文 ⿰ 手拉溺水的小孩的頭部，使之浮於水。

滔 金文 ⿰ 从水舀聲。水浩蕩的樣子。

沃 金文 ⿰ 草下是曲水。本義澆灌。

汰 甲骨文 ⿰ 从水太聲。本義淘洗，引爲淘汰。

泣 甲骨文 ⿰ 从水立聲。本義無聲地流淚。

津 甲骨文 ⿰ 从水从隹从舟會意。舟在水上行進象鳥在飛一樣快。金文 ⿰ 从水从聿。指渡口。

活 甲骨文 ⿰ 从水昏聲。本義水流聲。引申爲活

233

水。

流 甲骨文 𝌆 从水㐬聲。本義水流動。

涸 甲骨文 𝌆 从水从固,會意爲失去水的東西會堅固。本義干枯。

溺 甲骨文 𝌆 从水从人。本義人落水。

潘 甲骨文 𝌆 从水番聲。本義淘米水。

濁(浊) 金文 𝌆 从水蜀聲。本義濁水、水不清澈。

淨(净) 甲骨文 𝌆 从水爭聲。本義潔淨。

涼(凉) 甲骨文 𝌆 从水从京。高處和水中溫度比較低。本義微寒、稍有點冷。

沖(冲) 甲骨文 𝌆 从水中聲。本義水涌動。要衝的"衝"和"沖"原是意義不同的兩个字,衝的本指交通要道,也簡化爲冲。

決(决) 甲骨文 𝌆 从水从夬。本義決堤。

滯 甲骨文 𝌆 从水帶聲。水不流動。

染 甲骨文 𝌆 从水从杂(衣服五彩顏色)。給布帛着色。

法 甲骨文 𝌆 从水从去(法)从廌。廌(zhi)是古代神話中的獨角神獸,見人爭鬥,就去頂無理者,非常公正。所以法的本義就是如水、如廌般公平。篆字開始就省去廌,定形爲法。本義刑法。

涂 甲骨文 𝌆 从水余聲。本義涂水。借爲泥巴義後,又加形旁土成"塗"。简化字又回到本原。引申爲糊涂。

湊(凑) 甲骨文𣴴 从水奏聲。本義水流會合，泛指聚集。

衍 甲骨文𧗟 从水从行。本義河水朝聖般奔向大海。引申爲擴展、推演。

減(减) 金文𡗜 从水咸聲。本義減少。

沙 金文𣲩 从水从少，水少沙見。本義水中細散的石粒。

漠 甲骨文𣻣 从水莫聲。北方流沙形成的奇特地貌。

滾 甲骨文𣵦 从水袞(gǔn)聲。本義大水流涌的樣子。

潑(泼) 甲骨文𣹟 从水从發，發亦聲。本義潑水。

湯(汤) 金文𣱁 从日从水从勿(勿在這里指水蒸气)，故湯本義沸水。如固若金湯。

潔(洁) 金文𣽴 从水絜聲。絜，干淨，也表義。

灑(洒) 甲骨文𣲟 从水西聲，洗的本字，後借爲灑水。

準(准) 甲骨文𣹟 从水隼聲。本義水平面。引申爲標準。

425. 仌(bīng)

《說文》："凍也。象水凝之形。"譯：水凍住了，象水凝結成冰的樣子。

甲骨文 仌 冰的象形。例字：

冰 金文 从仌从水。甲骨文 仌 本作仌，象水凝之形。後加形旁水。

冷 甲骨文 从仌令聲。本義天寒。

凋 金文 从仌周聲。草木逐漸衰敗。

凌 甲骨文 从仌夌聲。本義冰。

凍(冻) 金文 从仌東聲。初凝曰仌。仌壯曰凍。又於水曰冰。於他物曰凍。

426. 冬

《説文》："四時盡也。从仌从夂(zhōng)。夂，古文終字。"譯：四個時令的終結。字形用仌、夂會意。夂，這是古文寫法的"終"字。

甲骨文 象一根繩子兩頭各打一結，表示終了。字形實際只有"夂"這一部分。冬天是一年的終結，所以後來又加上意符仌(冰)而寫成"冬"，表示冬天，又加上"糸"成"終"表示終結。例字：

終(终) 甲骨文 終本作夂，象一根繩子兩頭各打一結，表示終了。因冬季是一年的終結，後來又加上意符仌(冰)造出了"冬"字，再加上糸成"終"，表示終結。

427. 川

《説文》："毌(貫)穿通流水也。"譯：在千山萬壑間貫穿流通的河。

金文 巛 河流的形狀。本義河流。作偏旁寫作巛。如"巡"，表示巡行如川流之暢。く、巜、巛是同一個字。例字：

巡 金文 𢓊 从辵(chuò)从川，川亦聲。本義巡行。

邕 金文 𠱼 从川从邑會意。四方被水環繞的城邑。

坙 小篆 巠 从川在一上，一代表地。本義水脉。

侃 金文 𠈌 从人从口从川。表示剛直者心直口快。本義剛直。

㠯(huāng) 金文 𠩤 从川亡聲。寬广的水流。

428. 州 𑜁𑜁

《說文》："水中可居曰州，周遶其旁(旁)，从重川。昔堯遭洪水，民居水中高土，或曰九州。"譯：州，江河中央可以居住生活的島叫州，字形象河水環繞小島，用兩个川會意。堯的時代遭遇大洪水，當時的百姓只能住在水中的高地，有的人稱這些高地爲"九州"。

甲骨文 𑜁 水中的陸地，洲的本字。後來借作行政區域，又造形聲字"洲"。

429. 滅(灭) 𤴓

《說文》："盡也。从水威聲。"譯：滅，全毀，無一倖存。字形用水作形旁，威作聲旁。

金文 𤴓 从水从威。威，从火戌。火生於寅，盛於午，死於戌。所以古時毀滅和火威不一樣，現統一簡化爲灭。

430. 泉 𢒉

《説文》："水原也。象水流出成川形。"譯：水源。象水从石洞流出匯成河川的樣子。

甲骨文 𢒉 从山洞中流出水的形狀。本義是山泉、水源。把錢稱作"泉"，是説貨幣流行如泉，是引申義。例字：

原 甲骨文 𠨧 象泉水从石崖下流出，源的本字。本義泉水的本源，引申爲根本、原由。

源 甲骨文 𠨧 象泉水从石崖下流出，本作原。原被用作本原之後，後人又加形旁水，造出會意字"源"。

431. 谷 𧮫

《説文》："泉出通川爲谷，从水半見，出於口。"譯：泉水流出到達河川（經過的地方）叫山谷。用水字的一半出現在口字上會意。

甲骨文 𧮫 (bīng) 象水字但不完全，表示山中剛流出洞，尚未成流的泉脈。因以指明泉之所在地。本義兩山之間的夾道或流水道。《爾雅•釋水》："水注川曰溪，注溪曰谷。"《韵會》："兩山間流水之道也。"谷、穀本無關，穀簡化後借用谷。例字：

卻（却）　甲骨文 ![字形] 从谷从卩。會意爲遇到困境屈服。本義退卻。楷書从去从卩會意。

谿　金文 ![字形] 从谷害會意。本義山口，引申爲谿口。

432. 永 ![字形]

《説文》："水長也。象水巠理之長。"譯：河水長流。字形象縱向的河水源遠流長。

甲骨文 ![字形] 永、辰(pài)同字。字形象水脉曲折之形，从氵从彳从人。人向左向右本無區別。後來分化，向左爲永、向右爲辰。永是水行的意思，因水流不會枯竭，故引申爲永遠。或説永爲"泳"的本字。

例字：

脉　金文 ![字形] 从肉从永會意。人體内血管。

派　甲骨文 ![字形] 从水从辰，辰亦聲。水的支流。

十七、數字類漢字

433. 一 一

《說文》:"惟初太始,道立於一,造分天地,化成萬物。"譯:天地未分的渾沌時期,天道從一開始分化。分爲天地,有了天和地就變化出了萬物。所以世界是從一(天道)中分化出來的。"一"指天道。

甲骨文、金文均作一。是數字的開始。

434. 二 二

《說文》:"二,地之數也。从偶一。"譯:二,表示地的數。由成雙的"一"構成。

甲骨文 二 記數的二是平行、等長的兩條橫綫。《易》:"天一地二,有一然後有二。"所以許慎說:"二,地之數也。"就是說"二"指地。例字:

凡 甲骨文 𦥑 从二(代表偶數)从 𠬝(及)會意。最大限度地囊括,本義全部、大概。

亘 甲骨文 𠄢 和回字的甲骨文 𠙴 相似,旋轉方向相反。空間和時間上延續不斷,恒的本字。小篆 亘 定形爲从二。

亟 金文 𠁑 从二(天地)从人从口从又會意。意爲一個頂天立地的人,口齒伶俐,手腳敏捷。本義敏捷、迅速。

竺 金文 𦥑 从二竹聲。同篤,本義厚重。

435. 三 三

《說文》："數名。天地人之道也。"譯：三，代表天、地、人之道。由三畫構成。

甲骨文金文均作 山。數字。

436. 四 四

《說文》："陰數也。象四分之形。"譯：四，陰數。象四分的形狀。

甲骨文 ☰ 也是四橫。

437. 五 X

《說文》："五，五行也。从二，陰陽在天地間交午也。"譯：五，金、木、水、火、土五行。以二爲字根，"二"表示天地兩極，"乂"代表陰气和陽气交錯，"五"表示陰陽兩气在天地間交錯。

甲骨文 X 古人結繩記事，從一至九而五居其中，所以把繩交叉爲五。另外，積至四畫已覺甚繁，於是五作 X。例字：

伍 甲骨文 伍 从人从五，五亦聲。本義軍隊編制五人爲伍。又用作五的大寫。

438. 六 六

《說文》："易之數。陰變於六，正於八。从入从八。"譯：六，《易》常用的數，即陰爻的變數爲六，陽爻的變數爲八。字形用入、八會意。

甲骨文 介 草廬之形，廬的本字。被借用來表

241

示數字六。

439. 七 ↑

《說文》:"陽之正也。从一,微陰从中衺(斜)出也。"譯:七,陽的正數。字形用一作字根,一表示陽气,折筆表示微弱的陰气从中斜冒出。

甲骨文 ✚ 將物品自中切斷之形,是切的本字。自借爲數字七,不得不加刀於七以爲切斷之切。

例字:

切 金文 ᓚ 从刀七聲。切斷。

柒 甲骨文 㯃 从水从木从七。七(切開)樹干,能流出水(漆)的漆樹。借爲大寫的七。

440. 八)(

《說文》:"別也,象分別相背之形。"譯:八,分開、區別。象一分爲二、相別相背的形狀。

甲骨文)(把東西分成兩半之形。本義分開。

例字:

分 甲骨文 ⑻ 从八刀會意。本義用刀分開。

尚 金文 尙 从八向聲。本義增加。又通上。

公 金文 ㄅ 从八从厶(sī)。背厶爲公。本義公正。

介 甲骨文 ⼉ 从八从人。本義人与人的界限。

半 金文 半 从八从牛。牛大可分;八爲分割之義。本義分割牛。"一半"的"半"是引申義。

441. 柬(jiǎn) 㶊

《説文》:"分别揀之也。从束从八。八,分别也。"
譯:分開捆束的東西並進行選擇。字形用束、八會意,八表示分類。

甲骨文 東 同許説。本義挑選。揀的本字。例字:
揀(拣) 甲骨文 從手從束,束亦聲。本義挑選。

442. 必

《説文》:"分極也。从八弋,弋亦聲。"譯:必,分成兩極。字形用八、弋會意,弋也是聲旁。

金文 和心無關,从八从弋。本義分成兩極。引申爲必然。

443. 九

《説文》:"陽之變,象其屈曲究竟之形。"譯:九,最大的陽數。字形象事物曲折變化的樣子。

甲骨文 結繩記事,繩子拐兩個彎表示九,因九是十進位中末一個數,故借兩彎表示曲折、究竟之意。例字:

究 甲骨文 从穴从九,九亦聲。本義窮盡。

444. 十

《説文》:"數之具也。一爲東西,丨爲南北,則四方中央備矣。"譯:十,表示十進位所需數都已具備。一代表東西,丨代表南北,一和丨相交成"十",則表示東西南北中齊備。

甲骨文 結繩打一個結爲十,後因書寫工具

(刀)及書寫方法(刻)之故，中間的"●"刻成一橫。漢初"七"作"十"、"十"作"十"，以橫的長短區別。例字：

世 甲骨文世 三十年算作一世。字形用"卅"作字形根，通過拉長一豎而成。

什 甲骨文⺁ 从人从十，十亦聲。本義古代軍隊編制單位，十人爲什。引申爲數目字，同十。

博 金文尃 从十从尃。本義範圍大。

協(协) 金文協 从十从劦。眾人同聲應和，一齊發力。本義協力、協同。

445. 百 百

《說文》："十十也。从一白。"譯：十個十。字形由"一、白"構成。

甲骨文百 用讀音相近的白加一橫來表示。

例字：

陌 金文陌 从阜从百。百表示很多。本義田間小路。

446. 千 千

《說文》："十百也。从十从人。"譯：十個百。字形用"十、人"會意。

甲骨文千 用讀音相近的人加一橫來表示。

例字：

阡 金文阡 从阜从千，千亦聲。東西向的田間小路爲"陌"，南北向的田間小路爲"阡"。

447. 萬(万) 𩵋

《説文》:"虫也。从厹,象形。"譯:萬,虫蠍。用"厹"作邊旁,字形象蠍子之形。

甲骨文 ᨸ 蠍子的象形。蠍子穴居而且數量多,後來借爲億萬的"萬"。

十八、干支類漢字

448. 甲 甲

《説文》："東方之孟。陽气萌動,从木戴孚甲之象。甲象人頭。"譯：在天干之中甲代表最東邊的方位。象陽气萌動時,初生的草木頭戴外殼的樣子。甲象人頭。

甲骨文、金文均作十,後來爲了与"十"區別才寫作⊕,是鱗甲的象形。本義外殼。例字：

旬 甲骨文 ⊘ 古人最早用十天干計日,旬就是用甲循環一輪來表示十天。字形就是把甲(十字形)的一橫轉一圈。

449. 乙 ㇈

《説文》："象春艸木冤曲而出,侌(陰)气尚彊,其出乙乙也。乙承甲,象人頸。"譯：乙象初春草木彎彎曲曲長出地面,這時大地的陰气還很强大,草木只能艱難地破土冒出。乙象人頸。

甲骨文 ㇈ 象魚腸形。《爾雅·釋魚》："魚枕謂之丁,魚腸謂之乙,魚尾謂之丙,魚鱗謂之甲。"借爲干支名。例字：

亂(乱) 甲骨文 𤔔 上下兩个手在理絲,本作𤔔。本義紊亂。後又加形旁乙(彎曲)成亂。

乾 甲骨文 𩂣 从乙从倝(gàn)。倝,日出後陽光閃耀。表示陽光照耀萬物生長，本義冒出。借爲八卦之乾卦。

450. 丙 丙

《說文》:"位南方。萬物成，炳然。侌(陰)气初起，昜(陽)气將虧。从一入冂，一者，昜也。丙承乙，象人肩。"譯：丙，在天干諸位中，丙代表南方，南方代表四季中的夏天，這時萬物長成，一派光明的樣子。陰气初起，陽气將亏。字形用一、入、冂三形會意。這里的"一"，表示陽气。丙承乙，字形象人肩。

甲骨文 ⊠ 魚尾的象形。現專指天干第三位。

451. 丁 个

《說文》:"夏時萬物皆丁實。象形。丁承丙象人心。"譯：丁，夏日萬物都壯實。在天干中，丁承續丙，字形象人心。

甲骨文 ● 魚枕(魚睛)形。丁爲"睛"之古字。

452. 戊 戌

《說文》:"中宮也。象六甲五龍相拘絞也。戊承丁，象人脅。"譯：戊在天干中位於中央。字形象六甲五龍相絞纏。戊承丁，象人脅。

甲骨文 ⊬ 象斧鉞之形，各種大斧之通稱。例字：
成 甲骨文 ⊬ 从戊丁聲。本義平定。引申爲實現、完成。

453. 己 ㄹ

《說文》:"中宮也。象萬物辟藏詘形也。己承戊,象人腹。"譯:己,定位在中央。象萬物因回避而收藏在土中彎彎曲曲的形狀。己繼承戊,字形象人腹。

甲骨文 己 象人跪跽時身體之三折。借爲自身之稱。字形區別:巳(si)滿、已(yǐ)半、己(jǐ)開口。

454. 庚 甫

《說文》:"位西方。象秋時萬物庚庚有實也。庚承己象人臍。"譯:在天干中,庚代表西方,西方是代表秋天的方位,象秋天萬物堅硬有果實的樣子。庚承續己,字形象人的肚臍。

甲骨文 甫 爲農具揚畚(俗稱木锨)之形,象箕而有柄,故說是康(糠)的本字。卜辭中庚均用以記日,本義不清。

455. 辛 辛

《說文》:"秋時萬物成而孰;金剛,味辛,辛痛即泣出。从一从䇂。䇂,辠(罪)也。辛承庚,象人股。"譯:辛,代表四時的秋,入秋萬物長成而熟落;辛在五行中代表金,金的特性剛硬;辛也代表辛味,辛辣痛苦就會使人流泪。字形用一、䇂(qiān)會意。䇂表示罪行。在天干中,辛承續庚,字形象人的大腿。

甲骨文 辛 䇂、辛爲一字。本爲古人對俘虜行黥刑時用的刀，引申爲罪愆、辛酸。例字：

宰 甲骨文 𡩟 从宀(miǎn)从辛，是在室內勞動的奴隸。侍奉主人飲食起居的奴隸最受信任，故自古以來太監專權者極多。後來臣子中的最受信任的宰輔亦稱爲"宰"，如宰相。

童 甲骨文 𦥑 从辛(qiān)，重省聲。《說文》："男有皐曰奴，奴曰童，女曰妾。"所以童的本義指男奴。後借指小孩。另造僮表男奴。

辥 甲骨文 𩭞 左邊是人屁股形，右邊是辛(黥刑時用的刀)。本義同皐(罪)。後加艸，指一種草名。

辜 甲骨文 𡘄 从辛古聲。本義死罪。

辟 甲骨文 𨐨 从辛从人，對犯人行刑。本義行刑。

辣 甲骨文 𨐪 从辛，剌省聲。本義辛味。

辭(辞) 小篆 𨐲 从𤔔(乱)从辛。本義治罪過程中的訟詞。引申爲文辭、言詞。

競(竞) 甲骨文 𣪠 从二辛从二人。兩个辛人(罪人、奴隸)角鬥。本義竞逐、角鬥。

456. 壬 壬

《說文》："位北方。侌(陰)極易(陽)生，故《易》曰：'龍戰於野。'戰者，接也。象人懷妊之形。壬承辛，象人脛。"譯：壬代表北方。陰到極點產生陽，所以《易經》上說："龍在郊野交配。"字形象人懷孕之形。壬承接辛，象人小腿。

249

甲骨文 工　象人懷孕之形，壬即古妊字，亦即古任字。例字：

重　甲骨文 🙰　從壬東聲。本義輕重的重。

量　甲骨文 🙰　從重從日會意。本義稱重。

457. 癸 🙰

《說文》："冬時，水土平，可揆度也。象水從四方流入地中之形。癸承壬，象人足。"譯：癸代表冬令，這時水土平整，可以度量。"癸"的篆文字形，象水從四面流入耕地中央的樣子。在天干中，癸在壬後，象人的腳。

甲骨文 🙰　戣(kuí)的本字。戣是兵器三鋒矛，金文 🙰。

458. 子 🙰

《說文》："十一月陽气動，萬物滋。人以爲偁。象形。"譯：在十二地支之中，子代表十一月，這時陽气發動，萬物滋生。人假借"子"作稱呼。字形象幼兒生長的形象。

甲骨文 🙰 象子長頭髮之形。本義滋長、生長。十二辰的"子"和兒子的"子"實爲兩个字。十二辰的子，甲骨文 🙰 是動詞滋長。而兒子的"子"和十二辰的"巳"是同一个字，甲骨文 🙰 是小兒在襁褓之形。二者在卜辭中絕不相混。

459. 丑 🙰

《說文》:"丑,紐也。十二月萬物動,用事。象手之形。"譯:丑,陰气的堅固紐結已漸漸緩解。代表十二月,(這時陽气上通)萬物發動,將用農事。象手的形狀。

甲骨文 象手握之形,即古扭字。醜陋的醜和丑無關,今將醜簡化爲丑。

460. 寅 寅

《說文》:"髕也。正月陽气動,去(離開)黃泉欲上出,陰尚强也。象宀不達,髕寅於下也。"譯:寅,擯棄排斥。寅代表正月,此時陽气發動,離開地底黃泉,想要向地上冒出,但地面的陰气還很强,就象屋蓋一樣遮蓋,使陽气不能通達地面,排斥在地下。

甲骨文 兩手扶矢向前,表示行進之意,後來箭頭擴大作宀,字形成了寅。寅與引、射同義。

461. 卯 卯

《說文》:"冒也。二月萬物冒地而出,象開門之形,故二月爲天門。"譯:卯,陽气从地下冒出。地支中的卯代表曆二月,這時萬物冒出地面長出新芽。卯的字形,象開門的形狀。所以二月又叫"天門"。

甲骨文 可能是薦於廟之牲,剖爲兩半之形。王國維:"卜辭屢言卯幾牛……以音言之,則古音卯劉同部,疑卯即劉之假借字。"《爾雅•釋詁》:"劉,殺也。"

462. 辰 㐲

《說文》："震也。三月陽气動，雷電振，民農時也，物皆生。从乙匕，匕象芒達。厂聲。辰，房星，天時也。从二，二，古文上字。"譯：辰，震動。在十二地支中，辰代表農曆三月。三月陽气已經發動，雷電振天，是百姓忙於農務的時令。此時萬物已經生長，所以字形用乙、匕會意，象草芒伸展；厂是聲旁。辰也代表房星，房星是天時的指針，表示春耕開展的時候。因此字形用二作邊旁，二是古文寫法的"上"字。

甲骨文 㐲 衆說紛紜。郭沫若認爲，辰本是古耕器，故農、辱、蓐、耨諸字从辰。星之名辰，蓋星象與農事大有攸關。郭說正確。例字：

辱 甲骨文 㐲 从辰(農具)从寸。手持農具，本義除草。借爲羞恥。

463. 農(农) 㐲

《說文》："耕也，種也。"許慎沒有見過甲骨文，所以只解釋了字義，沒有解釋字源。

甲骨文 㐲 从林从辰从手，辰是一種農具(見辰字解釋)，所以農就是用農具在林間耕作。上面的林後來變成田，又訛變成曲，以致許慎無法解釋農和耕種的關系。

464. 巳

《說文》:"巳也。四月陽气巳出,陰气巳藏,萬物見,成文章,故巳爲蛇,象形。"譯:巳,已經。在十二地支中,巳代表四月。這時天地間陽气已出,陰气已藏,萬物紛呈,形成眾多色彩與花紋,所以巳代表的是蛇,字形象蛇的形狀。

甲骨文 胎兒在腹中之形。子的異體字。巳分化成三個字:巳、己(向右)、了(向左)。借爲地支第六位名稱。例字:

已 金文 同巳,腹中胎兒已經成形。本義完畢。
了 金文 反巳。本義完畢。

465. 午

《說文》:"啎也。五月,陰气午逆陽,冒地而出也。象形。"譯:午,逆反。在地支中,午代表五月,這時地裏的陰气逆反陽气,从地面冒出。

甲骨文 杵臼之形。杵的本字。例字:
杵 金文 从木从午(杵)。本義舂米的工具杵臼。

466. 未

《說文》:"味也。六月,滋味也。五行,木老於未,象木重枝葉也。"譯:未就是味。六月,是最富於滋味的時候。五行之中,木死於未。字形象樹上枝葉重叠的樣子。

甲骨文 象樹木枝葉重叠之形。故有幽昧、

暗昧之義。

467. 申 甲

《説文》："神也。七月陰气成，體自申束。从臼，自持也。"譯：申，天神。在十二地支中，申代表七月。這時天上陰气形成，它的體態任意伸展、收束。用臼作字根，表示一切自持。

甲骨文 ? 象閃電之形。電的本字。古人認爲閃電是神力，所以用"申"來稱呼"神"。後來加"示"爲"神"，加"雨"爲"電"。例字：

神 金文 ? 从示申（雷電）會意。本義天神。

奄 甲骨文 ? 从大（人）从申（閃電）。閃電後是驚雷，人不由捂耳朵，所以奄的本義是遮掩、覆蓋。

曳 金文 ? 雙手抓着拖曳之形。用申作形旁，用丿作聲旁。本義拉拽、牽引。

468. 酉 酉

《説文》："就也。八月黍成，可爲酎酒。象古文酉（酒）之形也。"譯：酉，釀成酒。酉代表八月，這時節黍子已成熟，可以釀制醇酒。象古文"酉"的樣子。

甲骨文 ? 象酒罐中有酒之形。酒的本字。後加水旁。例字：

酋 甲骨文 ? 从酉，水半見於上。酒上加八，是酒已釀熟，香气外溢之形。本義久釀的酒。《月令》：

"酒熟曰酋。"古代稱酒官之長爲"酋"，所以"酋"又是首領之稱。

酌 金文𓏧 从酉从勺。用勺舀酒，本義斟酒。

奠 甲骨文𓎸 把酋(酒)置丌(jī 祭臺)上。本義置祭。

配 甲骨文𓏥 人在酒壇旁。本義調配酒。

醉 甲骨文𓏪 从酉卒聲。本義醉酒。

酷 甲骨文𓏫 从酉从告，告亦聲。本義酒味濃烈。引申爲暴烈、殘酷。

釀(酿) 金文𓏬 从酉襄聲。造酒叫"釀"。

醒 金文𓏭 从酉星聲。本義醉意消解。

酸 甲骨文𓏮 从酉夋聲。本義醋的味道。

酒 甲骨文𓏯 从水从酉，酉亦聲。用來遷就滿足人性中的善惡激情的刺激性飲料。

醋 金文𓏰 从酉从昔。酒放久了會變酸成醋。

酣 金文𓏱 从酉从甘，甘亦聲。因喝酒而快樂盡興。

醜(丑) 甲骨文𓏲 从酉从鬼。即酒鬼，故言行醜陋。醜陋的醜和丑無關，今將醜簡化爲丑。

釁(衅) 小篆𓏳 从酉从爨省。本義用牲血塗在祭器縫隙，釁鐘、釁鼓。引申爲嫌隙。

鄭(郑) 金文𓏴 本作奠。後加形旁阝(邑)，成形聲字"鄭"。周厲王兒子友的封地名，今河南新鄭。

469. 戌 戍

《説文》:"滅也。九月陽气微,萬物畢成,陽不入地也。五行土生於戊,盛於戊。从戊含一,一亦聲。"譯:九月秋天爲萬物滅殺之季節。此時天地間的陽气已經變得很微弱,各種作物已經成熟,而陽气也下行轉入地層。在五行之中,土生於位於中央的戊方位,而土气最旺盛的則在戌月。用戌作字根,象戊含一。

甲骨文 戌 平口大斧之形。古兵器。例字:

咸 甲骨文 从戌从口。用戌(大斧)把口(物品)都打碎。本義全、都。

470. 亥

《説文》:"荄也。十月,微陽起,接盛陰。从二,二古文上也。一人男, 一人女也。从乙,象懷子咳咳之形也。亥爲豕,與豕同。亥而生子,复从一也。"譯:亥,草根。亥代表十月,這時大地尚有微弱的陽气,續接着越來越旺的陰气。字形用二作形旁,二是古文寫法的上。二下的兩个"人",一个是男人,一个是女人。字形也用乙作形旁,象懷着胎兒腹部蜷曲的樣子。

甲骨文 亥 从甲骨文字形看,象一頭豬。在豕的一條腿上加一短畫,是爲了說明腿之特殊。故今人多同意"亥"是白蹄豬的説法。